本书系广州市教学成果培育项目（GuangZhou teaching achievement cultivation project）"课—剧融合：中小学心理健康教育课程有效实施 10 年探索"（项目编号：2023128641）研究成果

课—剧融合

中小学心理健康教育课程实施模式创新

庄续玲 ◎ 著

暨南大学出版社
JINAN UNIVERSITY PRESS

中国·广州

图书在版编目（CIP）数据

课—剧融合：中小学心理健康教育课程实施模式创新/庄续玲著. —广州：暨南大学出版社，2023.12
ISBN 978 - 7 - 5668 - 3871 - 1

Ⅰ.①课…　Ⅱ.①庄…　Ⅲ.①心理健康—健康教育—教学研究—中小学　Ⅳ.①G444

中国国家版本馆 CIP 数据核字（2023）第 252400 号

课—剧融合：中小学心理健康教育课程实施模式创新
KE—JU RONGHE：ZHONG-XIAOXUE XINLI JIANKANG JIAOYU KECHENG
SHISHI MOSHI CHUANGXIN
著　者：庄续玲

···

出 版 人：阳　翼
统　　筹：黄文科
责任编辑：高　婷
责任校对：刘舜怡　林玉翠
责任印制：周一丹　郑玉婷

出版发行：暨南大学出版社（511443）
电　　话：总编室（8620）37332601
　　　　　营销部（8620）37332680　37332681　37332682　37332683
传　　真：（8620）37332660（办公室）　37332684（营销部）
网　　址：http：//www.jnupress.com
排　　版：广州尚文数码科技有限公司
印　　刷：广东信源文化科技有限公司
开　　本：787mm×1092mm　1/16
印　　张：12
字　　数：220 千
版　　次：2023 年 12 月第 1 版
印　　次：2023 年 12 月第 1 次
定　　价：49.80 元

序

随着社会的快速发展和环境的日益复杂，中小学生的心理问题也有增多的趋势，因此加强学生的心理健康教育不仅非常重要，而且非常迫切。2023 年教育部等十七部门联合印发了《全面加强和改进新时代学生心理健康工作专项行动计划（2023—2025 年)》，提出促进学生身心健康、全面发展，是党中央关心、人民群众关切、社会关注的重大课题，心理健康教育被国家提到了新的高度。

心理健康教育课程是运用有关心理学理论，以培养学生良好的心理素质、发展健康的人格、增进其心理健康水平为目的的专门教育活动。它是学校心理健康教育工作的重要载体，是实现学校心理健康教育目标最为重要的途径。因此，如何创新心理健康教育课程的设计和实施，是摆在我们面前的重要课题，也是我一直非常关注的领域。所以，当我看到庄续玲老师的大作《课—剧融合：中小学心理健康教育课程实施模式创新》时，非常高兴，一看书名就被吸引。我认真读完，收获颇多。

本书凝聚了庄老师长期的理论思考和 10 多年的实践经验，既有理论性和专业性，对校园心理剧的发展、特点、功能、技术等进行了系统梳理，又有很强的实操性和指导性，对课—剧融合具身教学模式进行了详细阐述。本书对深化校园心理剧的研究、提升中小学心理健康教育的效果都具有重要价值。

校园心理剧是学生在教师指导下将日常生活中的事件以安全的方式表演出来，重现事件的真实发展过程，并引导表演者和观众去探索事件背后的心理问题和解决心理冲突的办法。它形式多样、方法新颖，可以满足学生内在的表演欲和创造欲，寓教于乐，寓教于戏，是进行心理健康教育的有效途径。目前，校园心理剧的应用形式主要分为三种：一是基于心理课与班会课的心理剧活动；二是在各学科教学过程中渗透心理剧进行心理健康教育；三是在学校专门的场地举行的校园心理剧展演活动。

庄老师主要对第一种形式进行了深入实践，将校园心理剧创造性地应用于心理课堂，基于具身认知理论提出课—剧融合教学理念，构建了课—剧融合之"六环五阶"具身教学模式。"六环"是指暖身活动、主剧编演、续剧编演、讨论分享、自我审视和师生寄语六个环节，"五阶"是指具身导入、具身情境、具身体验、具身反馈和具身感悟五个阶段。实践证明，这一模式构建了具有情境体验性和交互生成性的心理课教学新范式，促进了校园心理剧与心理课教学的有机融合，提高了心理健康教育课程的实效性及课程的综合育人水平。

期待着庄老师在这个领域继续探索和深耕，让更多的学生受益！

2023 年 12 月

（刘学兰，心理学博士，华南师范大学心理学院教授、心理学院副院长，广东省"特支计划"教学名师）

目 录
CONTENTS

第一章

校园心理剧的产生与发展

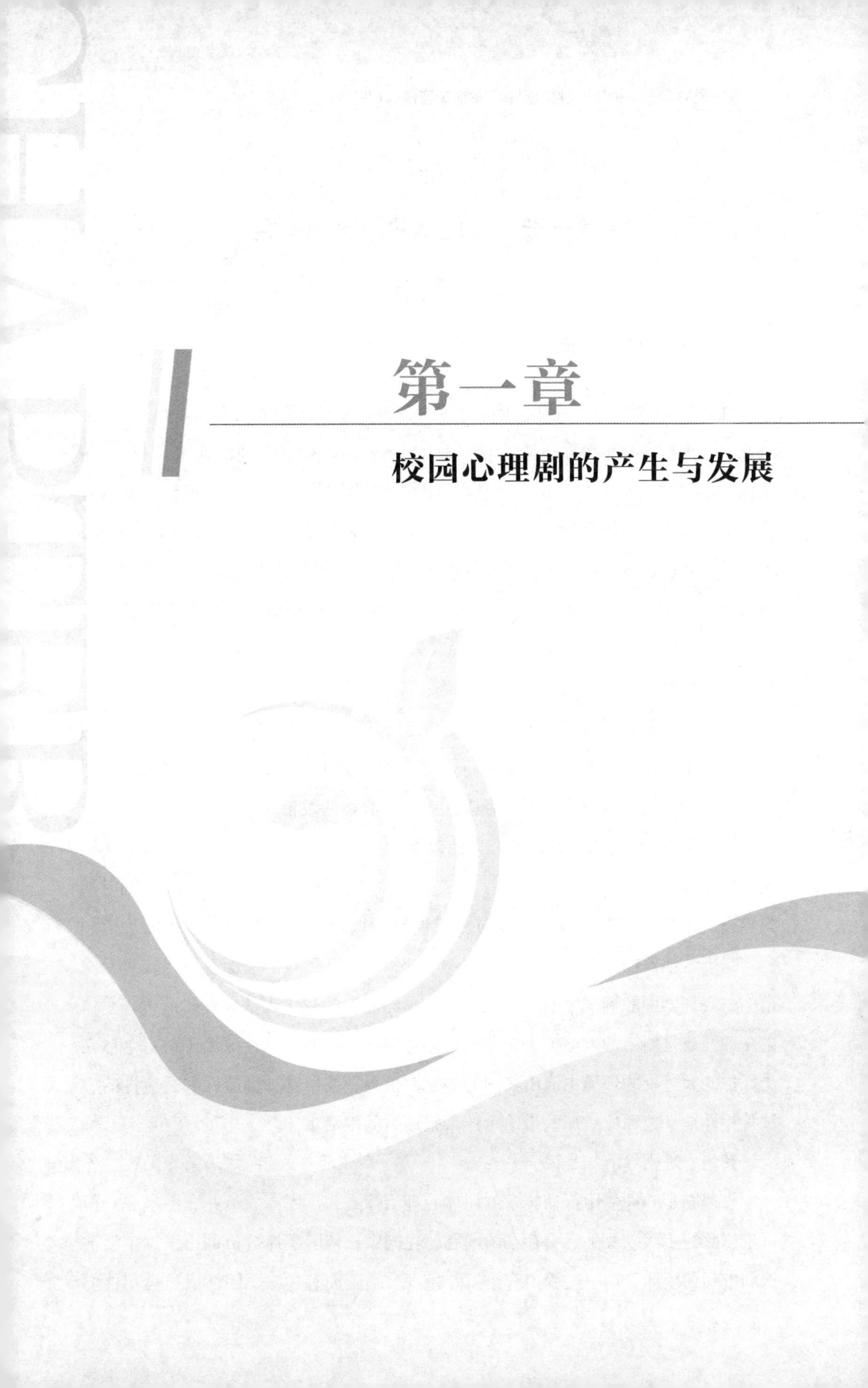

第一节　心理剧的起源和发展

一、什么是心理剧

什么是心理剧？这是每位读者看到"心理剧"一词时首先想了解的问题。对此，心理剧之父雅各布·莫雷诺（Jacob Moreno）在《心理剧（第一版）》中指出，心理剧是如今人类在遭受社会及自身心理困扰时，具备普遍性与实践性的，最有希望与最能宣泄人类不安的治疗方法。他为心理剧做了如下的定义：心理剧是以戏剧的方法探索"真实"的一门科学，处理的是人际关系及隐秘世界。莫雷诺用两个希腊词"心灵"（psycho）与"演剧"（drama）来命名心理剧。

莫雷诺之妻哲卡·莫雷诺（Zerka T·Moreno）将心理剧描述为：你可以在当中探索生命，可以在没有惩罚的恐惧之下去冒险。

科勒曼（Kellermann，1992）则概括指出莫雷诺在不同时期、不同情境下对心理剧做出的不同定义。这些定义包括"一种有信仰的神学""一项带有刻苦修行者理想的戏剧艺术形式""一套具备社会价值观的政治体系""一门有研究目标的学科""一种有治疗目标的心理治疗方法""一种生活哲学"。他提议心理剧应当被看作"一种特定的心理治疗方法，一种对心理问题的治疗途径"，同时他提出以下定义：在心理剧中，参与者们被邀请重新演出一些意义重大的生活经验，当下，他们的主观世界里有了团体的帮助。生活的每一层面都可以被重新演出……心理剧中的场景饰演出生活事件可预测的发展变化或是突发的危机、个体内在冲突或是纠结的人际关系……所有心理剧所共有的一项疗效因子是：个体在受保护的和好玩的环境中演出其内心的真实世界，并以这种创造性和适应性的方法替代性地掌控和应对那些带给个体带来压力的生活事件。

其他心理剧导演如是说：

心理剧是一种使用行动技术的团体心理治疗方式。团体成员并非围坐成一圈讨论彼此的生活以及生活中存在的问题。在剧中，伴随团体成员的扮演，生活被他们带到了现场。这一过程内容丰富、生动、活跃而有趣味。团体成员运用他们的创作力和自发性找到问题的解决方案（Holmes，1992）。

在心理剧中，团体中进行着的行动是观看正在动态进行中的个体生活方式，这种方式可以看到在特定情境下发生了什么，没有发生什么。所有的场景呈现在当前，即便有些来自个体的过去或未来。团体扮演出当事人的部分生活，将之如放录像般呈现在主角和现场所有人眼前（Karp，1995）。

心理剧是一种团体心理治疗方法，主角不仅与导演形成关系，而且与团体中的所有成员形成关系。心理剧具有不可思议的力量，最终可以为团体带来疗愈性的改变（Wilkins，1994）。

心理剧的目标是帮助个体更具建设性、自发性，更快乐、更有力量地按自己的意愿去设计人生。洞察与情绪宣泄的目的在于疏通个体的感知力，释放个体应对改变的能力（Jan Costa，1995）。

心理剧是一种心理治疗方法，可以用在教育、商业、社区、家庭等多种情境中，应用心理剧必须在安全、无私的考虑下进行。心理剧提供了一个整合性的过程，其中的技术包括角色扮演、角色交换、镜照、即兴、回音、夸大、重演、替身等，使得参与者经验更加整合（Adam Blatner，2004）。

此外，英国牛津卫生协会的心理剧导演则认为，心理剧是由维也纳精神科医师莫雷诺所创立的一种团体心理治疗方法。

表演治疗心理剧专家、国际哲卡·莫雷诺心理剧研究所心理剧导演龚林博士认为：心理剧是创造性治疗的一种形式，它强调个体的自发性和创造性的发展，它有效地运用演出的方法，促进个体成长并且使个人的创造潜能获得最大限度的发挥，以便能够有效地面对生活中的挑战和机遇。

从以上的表述中可以看出，心理剧作为一种拥有巨大影响力的心理治疗方式，既是一种强有力的心理治疗方法，也是一种能促进个体成长和拥有活力的适宜教育手段。首先，心理剧是一种用于心理治疗和个人成长的行动方法，它的成效源自人类与生俱来的自发性和创造性；其次，心理剧是一种团体治疗，但它可以一对一地实施，而以团体的方式进行时，心理剧团体成员不需要具有表演技能，当团体成员受邀扮演角色时可以自愿选择是否参与扮演。

综上所述，心理剧是一种团体治疗方式，是通过特殊的戏剧化形式，让参加者扮演某种角色，并借助角色于心理冲突情境下的自我表演，使主角的心理冲突和心理问题逐渐在舞台上呈现出来，在心理剧导演的间接干预和同台参演者的协助下，使心理问题得到解决的一种团体心理咨询与治疗方式。所谓的"剧"并非戏剧，而是指重新经历的过去、现在、未来的生活，就好像生活是戏剧情景，而心理剧导演就是剧作家。心理剧的目的是经由角色扮演的方法帮助人们以一种自发的、戏剧化的方式表达感受。心理剧导演通过引发有意义的事件并促使团体参与有意义的事件，来帮助团体参与者接触过去、现在和未来情景中未予认识与未表达的感受，提供一个充分表达情绪和观念的方法，并鼓励新行为的出现。

二、心理剧的诞生与发展

心理剧由莫雷诺于 1921 年始创于维也纳。莫雷诺同时还是集体心理治疗的创始人之一。他最初在儿童教育中使用了这种自发性戏剧，并建成了第一座心理剧剧场，随后又召开了国际心理学会议，成立了世界心理剧研究中心。心理剧的诞生在心理咨询与心理治疗的发展历史上是一个重要的转折点，是从单一个体治疗到团体内个体治疗、从语言方法治疗到行为方法治疗的重要开端。

心理剧诞生后，莫雷诺持续发展心理剧超过 50 年之久，从维也纳到纽约，然后发展到世界各地，后期他的夫人哲卡·莫雷诺将心理剧发扬光大。概括起来，心理剧的发展经过了初期发展和蓬勃发展两个阶段。

（一）心理剧的初期发展

莫雷诺创立了心理剧，并和哲卡·莫雷诺一起将心理剧发展起来。莫雷诺作为心理剧之父，还身兼精神科医生、戏剧家、诗人、哲学家、团体心理学家、心理剧作家、社会剧作家、社会测量学家与教育家等诸多角色。虽然莫雷诺对以上这些角色都做出了重大贡献，但他在社会科学和团体心理治疗的理论与实践方面发挥最大影响力的领域是心理剧、社会剧和社会测量学。

莫雷诺对心理剧的探索与发展，可以分成胚胎期、婴儿期、青年期、成年期（赖念华，2005）。

1. 胚胎期（1909—1921 年）

心理剧理论的构建与莫雷诺的成长过程密切相关，莫雷诺正是在他的成长过程中逐步形成他的理论体系的。莫雷诺 1889 年 5 月 18 日出生于罗马尼亚布加勒斯特，母亲宝林娜依库（Paulina Ianescu）出生在一个西班牙系犹太人血统的家庭，生下他的时候只有 15 岁，父亲利维·莫雷诺（Levy Moreno）是一位周游世界的商人，很少有时间陪伴他。莫雷诺 12 个月大的时候，因为患佝偻病差一点死去。这时，一位神秘的吉卜赛人对他的母亲预言道：这个孩子肩负着特别的使命，有一天，世界各地的人士将争相来到他的面前向他求教。于是，他的母亲给了他一份特别的期待和爱，而他也带着母亲的爱与信念长大。他母亲信仰犹太教，但他一直在天主教修道院学校中受教育，这种结合犹太教和天主教传统的早年经验对莫雷诺影响很大，使他从小就对上帝产生兴趣。这也导致了被莫雷诺视为其生命中决定性事件的发生。

大约在莫雷诺 4 岁的时候，他们住在多瑙河岸的老宅子里。爸爸妈妈都出去了，莫雷诺和邻居孩子打算在地下室玩扮演上帝与天使的游戏。他们都问："谁来做上帝呀？"莫雷诺就说："我是上帝，你们全是我的天使！"大家都赞成。

"那好吧，先把天堂盖起来。"莫雷诺领导孩子们把地下室里所有的椅子一张张地垒起来，一直垒到接近天花板。接着莫雷诺爬上了椅子，并且坐在靠近天花板的椅子上，其他的孩子绕着这个建筑物，像天使震动翅膀般地摇动他们的手臂。其中一个孩子邀请莫雷诺参加他们的假想飞行，因为莫雷诺已经完全投入游戏中，所以他直接张开双臂，在最高处的椅子上做出飞翔的动作，想感受作为上帝的伟大——然而不一会儿，他就重重地跌在了地板上，摔断了右臂。

童年早期经验促使莫雷诺在以后研究"借想象扮演让心灵超越现实"的可能性，并创造了"附加现实"的概念，也创造了心理剧作为实现的工具。莫雷诺 6 岁时，跟随家人移居奥地利的维也纳。1909 年莫雷诺进入维也纳大学读书，主修哲学，之后又转读医学。他认为每个人身上都存在着创造性和自发性的自然倾向，演剧是即兴发挥的结果。在这段时间，他常常在维也纳公园欣赏与观察孩子们的游戏行为，还尝试以戏剧化的方式呈现出来，如在公园的一棵大树下生动地讲故事给孩子们听，并鼓励孩子们把所创造的故事表演出来。孩子们透过角色扮演的方式开发了幼小的心灵世界，彼此分享从中得到的理性与感性上的满足。不少孩子在参与了他的演剧活动后，对教室内呆板的教学方式感到不耐烦，而向往莫雷诺以行动、经验与创造取向所带领的学习方式。莫雷诺相信人类是天生的演员，且拥有自然的行动渴望，需要以亲身的体验来认识世界，同时也需要将内在的情感状态表达出来，这种行动哲学早在希腊时代就被亚里士多德所重视。莫雷诺始终坚信"行动比言语更重要，经验是比书本更好的老师"，这一信念成为他为心理治疗、教育所做贡献的基础。他将一些爱玩的青少年聚集在一起，成立一个小剧团，将青少年在团体中所发生的一些人际现象，包括外在的冲突与内在的挣扎，在公园或者小的表演厅表演给维也纳的市民看，结果帮助了一些有偏差行为的孩子解决了生命中的一些矛盾，使他们寻找到了自己的定位与发展方向。

这一时期他还进入"红灯区"去了解妓女的生活，并组织了一个自助团体。团体中的成员可以隐姓埋名，彼此讨论现有的处境并互相支持来解决自己的问题，这正是日后团体治疗、社区服务的萌芽。

1917 年，莫雷诺对弗洛伊德说："您分析人们的梦，而我教给他们勇气去再次梦想。"1919 年，莫雷诺第一次将这种表演正式命名为"心理剧"，并在 1921 年开始将它用于精神疾病的辅导。

2. **婴儿期**（1921—1924 年）

这个时期，莫雷诺开始关心社会问题，重视脉络和情境。因此，他在处理问题时不仅关心当事人与他人的关系，同时也会尽可能帮助他们自己来理解问题，找到解决问题的方式。1921—1924 年，莫雷诺开始在维也纳建立"自发剧场"，将一座老旧的博物馆改造成剧院，鼓励观众不只说出自己的故事，还要表演自己的故事。观众可以自由到舞台上扮演国王的角色，抒发对当时政府、官僚腐败的想法和情绪，大谈治国理念，莫雷诺也借此使他们相信——寄希望于找到一位适当的国王来统治是不可能的，要开启民主思潮，让每个人说出自己的想法。同一时期他和一个叫戴蒙（Daimon）的同伴出版了杂志，这是一本提供生活新闻、即兴创作的刊物。

3. **青年期**（1925—1935 年）

1925 年，莫雷诺来到美国。为了寻找更有探讨价值的领域，他居住在纽约，并把他的这套方法用来治疗有情绪困扰的儿童和犯人。他进入 Singsing 监狱，将犯人依据社会背景、人格特质、居住区域等进行分类，训练他们如何与同组的另一个人相处及交往，直到这些犯人出狱。他的目的是通过这样的训练方式帮助犯人回到正常的社会生活，并重新建立支持系统，让他们可以和别人建立关系。这是团体心理治疗的起源。

莫雷诺于 1929 年创办了第二个剧场——即兴剧场（Theatre of Impromptu）。在这个时期，莫雷诺将心理剧介绍到临床医学中。1934 年他的经典著作《谁将得以幸存》（Who Shall Survive）正式问世，轰动一时。到目前为止，此书仍是所有心理剧导演必读的书目之一。因此可以说，莫雷诺到美国后，将心理剧理论哲学付诸实践，有力地推动了心理剧的发展。

4. 成年期（1936 年至今）

这一时期是心理剧成熟的时期，莫雷诺将触角延伸到国外，如加拿大和欧洲各国家，也开始参与许多国际心理会议。1951 年，他在巴黎筹办了一个名叫"团体心理治疗国际委员会"的团体，1954 年在多伦多举行了首次会议；1957 年在苏黎世召开了第二届国际研讨会；1963 年在米兰、1968 年在维也纳召开了第三届、第四届国际研讨会；1973 年在苏黎世召开了第五届国际研讨会。同时莫雷诺也组织了一系列心理剧和社会剧的国际研讨会：第一次，1964 年，在巴黎；第二次，1966 年，在巴塞罗那；第三次，1968 年，在布拉格；第四次，1969 年，在布宜诺斯艾利斯；第五次，1970 年，在圣保罗；第六次，1971 年，在阿姆斯特丹；第七次，1972 年，在东京。这表明心理剧已经被广泛接受，莫雷诺的书籍被翻译成多种文字，很多其他国家的研究者也撰写了大量心理剧方面的书籍。

1936 年，莫雷诺买下比肯一家诊所，开设了一家私人精神科疗养院，作为心理剧专业人员和导演训练的基地；同时开始在每个周末提供"Open Sessions"，让人们有机会可以在一个公开的场所预演。这种形式一直延续到 20 世纪 70 年代早期，很多知名的心理治疗家都参与其中。

1971 年，莫雷诺在阿姆斯特丹世界心理剧研讨会议结束以后，开始着手写自己的回忆录。1974 年，在连续几次中风后，他开始意识到自己的体力一天天减弱，无法再有新的发明创造，他变得很沮丧，每天除了清水以外不再吃任何食物。当消息传出以后，来自世界各地的学生、敬仰者赶到纽约州比肯为他举行最后一场公开心理剧，其间他们吟诵了莫雷诺的诗词与文章；他的妻子哲卡·莫雷诺也表达了对他的深厚情谊，并许诺会继续训练年轻的专业工作者。莫雷诺就在这样的气氛中，在妻子与高徒的围绕下，于 1974 年 5 月 14 日永远告别了他一手开创、奉献一生并深爱不渝的心理剧。

此后，哲卡开始做心理剧导演、教练工作，成为比肯训练中心的负责人。她着手整理莫雷诺的文字著作，出版了 3 卷《心理剧文集》，使心理剧的发展有了稳固的地基。她用英文翻译莫雷诺的思想，让人们比较容易接受和理解，并在推广发展的过程中设计出心理剧架构，这些在她为莫雷诺整理翻译的《心理剧的规则、技巧和附属方法》和《精神疾病的心理架构》这两本书中可以看到。而后一本书从哲学观、心理学及临床意义上构建了心理剧架构，就是我们今天所运用的心理剧基本架构。1974 年莫雷诺过世后，哲卡不遗余力地推广心理剧，其足迹遍布世界各地。她极力介绍和推广莫雷诺的传统心理剧，使更多的人受益于这种治疗方法。后来，从事心理剧心理治疗的专家遍布世界各地，许多学者也出版了不少专著，心理剧已经成为心理治疗的重要组成部分。

（二）心理剧的蓬勃发展

在世界各地心理剧专业者数十年的努力和推动下，到 1974 年莫雷诺去世时，心理剧已经成为一种重要的心理治疗流派。值得一提的是，莫雷诺训练的 12 名导演之一马修·卡璞（Marcia Karp），于 1974 年建立了豪威尔（Holwell）心理剧中心，为心理剧在英国的发展奠定了基础，从此心理剧作为一种心理治疗方法开始在临床和非临床的场所被接受。

这一时期，心理剧已发展出古典、人本取向、精神分析取向、社会剧、易术、螺旋治疗、音乐治疗整合、家族树、角色理论等多种风格。

哲卡在莫雷诺去世后，作为当代心理剧的领袖和旗帜，不遗余力地在全世界推广心理剧。

1. 全球的发展

在美国，2011 年 2 月布拉特（Blatner）进行了世界范围内心理剧研究的总结归纳工作，撰写了《心理剧导论》（*Foundations of Psychodrama*）、《心灵演出》（*Acting-in*）、《演出艺术》（*The Art of Play*）等重要著作；凯特（Kate Hudings）运用螺旋治疗模式进行创伤后应激障碍治疗研究（包括 SARS 和地震创伤）；瑞默（Remer）运用心理剧进行青少年暴力和社会家庭问题研究；约瑟夫·莫雷诺（Joseph Moreno）进行了有效的心理剧和音乐剧治疗实践与研究。

在澳大利亚，苏·丹尼尔（Sue Daniel）作为澳大利亚团体治疗与心理剧协会主席，与同人一起开展了角色扮演心理剧治疗研究工作。

在法国，秀森堡（Anne Schutzenberger）作为莫雷诺第一批训练的 12 个导演之一，开展了家族树和心理剧的研究，取得了卓越的成绩。

非洲（南非）、南美洲（阿根廷）等地区开展了心理剧的研究和实践；韩国、泰国等亚洲国家邀请瑞默、约瑟夫·莫雷诺等人进行专业培训，并开展本国的心理剧治疗工作；日本较早学习借鉴了心理剧的技术和方法，并开展了治疗与研究工作。

2. 心理剧在中国台湾地区的发展

心理剧在台湾的发展大致经过了两个阶段：第一阶段是 1993 年之前。热爱心理剧的陈珠璋、吴就君、王行等人，结合本土文化特质作为教学的参照依据，传播心理剧理念和技术。第二阶段是 1993 年之后。1993 年，哲卡的学生龚金术博士到台湾开始训练心理剧导演。1996 年及 2000 年哲卡亲自访台湾，为台湾心理剧注入新的活力，传递了心理剧的火种，从而推动了台湾心理剧的发展及实现与国际更广泛的交流。20 多年来，台湾先后引进多耶森和莫特、马修·卡璞、罗瑞·瑞默（Rory Remer）、潘·瑞墨（Pan Remer）、凯特（Kate Hudings）、龚宁馨（Gong Ning Shing）等许多经验丰富的心理剧训练师来协助教学。目前台湾已经培训出 4 位合格的本土心理剧导演，他们都经历了 10 年 1 000 多个小时的训练，并通过实务导剧及笔试方才取得证照，具有丰富的心理剧理论与实务经验。

3. 心理剧在中国大陆地区的发展

20 世纪 80 年代中后期，心理剧作为一种心理治疗方法逐渐被介绍到我国，被我国心理咨询与教育领域的专家学习了解并开始实践。我国权威的《心理学百科全书》（*Encyclopedia of Psychology*，1995）出现了关于心理剧概念的简介；近 20 年内美国的约瑟夫·莫雷诺、哲卡和米切尔（Mitchell）、凯特博士等先后访问大陆，分别进行了音乐心理剧、易术心理剧和螺旋心理剧（TMS）等治疗模式的讲学与培训。螺旋心理剧创始人凯特博士在中国建立了 TMS 工作小组，2007 年开始第二阶段的系统培训，这样的培训有助于在中国建立一支训练有素的 TMS 团队。2008 年 5—7 月，心理剧先锋团队成员前往四川地震重灾区，采取心理剧和行动表达技术进行创伤修复治疗。2004 年起，通过龚铁博士等专业心理剧训练师（TEP）的考核，中国大陆地区出现了首批螺旋心理剧专业辅角和心理剧初级导演，北京、深圳、苏州等地成立了各自的心理剧小组。与此同时，海峡两岸心理剧专业人员之间交流颇为密切，进一步促进了心理剧技术在心理治疗中的运用。

第二节 校园心理剧的出现和发展

校园心理剧是受心理剧的启发而在校园应运而生的。心理剧于20世纪90年代初开始进入我国港台地区，由于其独特的魅力，在内地各高校和中小学迅速推广，成为一种新型的心理健康教育宣传方式和心理辅导活动形式。它集戏剧、小品、心理问题为一体，既能帮助当事人解决自己的心理问题，又能让其他学生获得心理健康教育。校园心理剧是心理剧的理论、技术和形态在我国心理健康教育领域应用、演化、本土化及具体化的过程。"它立足于中国本土文化和国情，吸纳心理剧、音乐、舞蹈、绘画、书法等国内外表达性艺术的精髓，在心理教育实践中探索出一种本土化的行动表达演出技术。"（韩菁，2010）

校园心理剧最初在我国高等院校出现。高等院校首先运用心理剧形式进行心理健康教育宣传活动，后来由于校园心理剧独特的魅力，越来越受到我国心理学教育工作者和学生的喜欢，目前已在全国各地的大中小学推广。当前，虽然我国高等院校或者中小学很多都开设了心理咨询室，开展一对一的个体心理咨询工作，但由于很多学生对心理咨询还存有芥蒂，认识存在误区，即使有心理问题也很少去找心理老师咨询。而团体心理辅导由于缺乏专业的心理老师，也没有完全普及。特别是在高等院校，学生易出现各种心理问题，如新生的困惑和迷茫，学习生活及社会交往中出现情绪、情感波动以及毕业焦虑等，这些心理困惑和问题如果没有及时解决，就会引起连锁的社会问题，为学校及学生的安全埋下隐患。所以校园心理剧率先在我国高等院校出现，顺应了高等院校学生心理健康教育发展趋势的必然需要。2001年12月9日晚，由北京师范大学心理咨询中心举办了心理剧表演，第一次将心理剧带到高校学生生活中，来自北京师范大学、中国地质大学、北京邮电大学等高校的400多名学生参加了心理剧的表演和观摩，由此拉开各高校普遍开展心理剧表演的序幕。仅在2003年，清华、北大、北师大、南大、集美等多所高等学府分别公开演出了校园心理剧。近几年来，全国各地高校心理剧得到了蓬勃发展，很多高校每年都会举行校园心理剧大赛，并且利用"5·25"心理健康日作为宣传契机，使更多人了解校园心理剧，取得越来越多的宝贵经验。校园心理剧是提升大学生心理品质的行动实践，也是在大学生中普及心理健康知识、引起心灵共鸣的辐射途径。

当心理剧在各高校掀起热潮的同时，中小学心理健康教育也逐渐引入这一方法，并深受学生喜爱。2002年12月，山东淄博市实验中学举行由学生自编自演的首届"校园心理剧表演大赛"。2003年11月，教育部基础教育司德育处对孝陵卫中心小学儿童心理剧的发展表示了殷切的希望，提出了"三个结合"和"五个扩展"。三个结合是：编演心理剧与法制教育、《中小学生行为规范》教育和禁毒规范相结合，编演心理剧和课程改革相结合，编演心理剧和学校整体教育相结合。五个扩展是：心理剧向家庭教育扩展，心理剧向社区、社会扩展，心理剧向教学扩展，心理剧向教师队伍扩展，心理剧向更加丰富多彩的方式扩展。2006年3—6月，厦门市举行了"厦门市首届中小学校园心理剧大赛"。2006年5月，福建省南安市教育局举办首届校园心理剧评优活动，该市35所中小学校的代表队参加了本次活动。2006年10月至2007年5月，长春市教育局开展了首届"阳光杯"优秀校园心理剧，把校园心理剧作为同伴互助的形式加以推广；2009年5月，由中央文明办组织，在长春召开了全国校园心理剧经验介绍现场会，推广了长春市开展中小学校园心理剧活动的经验。与此同时，大庆市、大连市也先后组织了中小学进行校园心理剧实验。2012年5月汶川地震四周年之际，"5·12"地震灾区专职心理老师共同研讨灾区学生心理教育工作，发现校园心理剧在中小学心理健康教育方面发挥着独特、良好的作用和效果，具有其他心理辅导方法所不可替代的优势。2014年12月，江苏省举行了第五届校园心理剧大赛。目前全国各地的中小学都进行了积极的探索和尝试，从而让心理剧走进在校学生的视野和心田，并得到了逐步推广。

目前校园心理剧在心理健康教育领域的应用形式主要有以下三种类型：第一，在心理健康教育课、班会课上运用；第二，学校定期举办校园心理剧演出活动；第三，在团体心理活动中穿插校园心理剧。总之，以更加广泛和多样的形式开展心理健康教育，能让更多的学生学会关注自身心理健康。

校园心理剧在我国中小学的推广和普及，创新了学校心理健康教育的途径，为学生搭建了一个同伴互助的平台，对校园心理健康教育工作起到了促进作用。但由于各地区心理健康教育发展水平不一，部分地区因为缺乏心理专业人员的指导，导致校园心理剧的发展面临一定的困难。

第二章

校园心理剧的实质与特点

第一节　校园心理剧的实质

一、校园心理剧的实质

校园心理剧在我国高校和中小学校园的出现与发展，引起了教育学术界和实践界对这一新的心理健康教育形式的关注，并从不同的角度进行研究，但他们对校园心理剧的称谓、内涵却有着不同的认识，主要表现为以下两个方面：

一是称谓不统一，除了校园心理剧外，还有校园情景剧、校园心理短剧、心理辅导剧、校园小品剧、儿童心理剧等，可谓五花八门。

二是对内涵的理解不同，如王中华（2010）认为，校园心理剧是"以特殊的戏剧化形式，将学生在学习、生活、人际交往中遭遇到的冲突、困惑、烦恼等心理情况，以角色扮演、角色互换、内心独白等动态舞台的表达方式进行表演，打破传统口述方式治疗，促使学生在表演中发现问题的实质，明确症结所在，以协助个人的内在世界、生活情境、生命经验与团体进行中的活动产生连接，使自己与现阶段的生命主题或生命经验建立一种新的关系，找到解决的方法与策略"。

车文博（1990）指出，校园心理剧的治疗与传统的以谈话为主的心理治疗方式不同。校园心理剧帮助当事人通过角色扮演来表达其体验到的现实或想象的事件引起的心理冲突，进而减少惯性的心理防卫，唤起其自发性和创造力，达到心理治疗的目的。

孙雪玉（2009）将校园心理剧定义为"通过学生扮演当事人或由当事人自己借助舞台来呈现他们各种典型的心理问题，在心理辅导老师和全体参与演出者及观众的帮助下学会如何应对和正确处理心理问题，从而让全体学生受到教育启发的一种团体心理治疗方法"。

宋金枝（2007）认为，校园心理剧作为一种以现实生活为模型的团体心理辅导方式，以特殊的戏剧化形式将学生在生活、学习、交往中遇到的冲突、困惑、烦恼等情况，以角色扮演、角色互换、内心独白等方式编成剧本进行表演，促使学生在表演中发现问题本质，明确症结所在，找到解决方法。在这一过程中，无论是参演者还是观看者都受到深刻的启发与教育。

韦志兆（2010）研究称，校园心理剧是由学生扮演当事人，在导演（或指导教师）带领下及其他参演者和观众共同参与下，通过舞台表演，演绎校园中比较普遍的心理问题，引导、教育学生学会如何应对和正确处理心理问题的一种团体心理辅导方法。

周国韬（2007）则认为，校园心理剧是把孩子在成长过程中所感受到的各种心理问题和应对方式在一定的场所与群体中进行表演和讨论。

郭成（2013）认为，校园心理剧是利用舞台创设的生活情景，通过行为表达的方法与技术，以舞台表演的形式重现生活情景中的心理活动或心理冲突，使演员和观众认识到其中的主要问题，促进演员和观众认知领悟、情绪表达和行为改变的一种综合性的表达性心理干预活动。

从上述提法可以看出，校园心理剧具有以下三个特点：第一，校园心理剧与学生校园生活有关，通过学生扮演当事人或由当事人自己借助舞台来呈现他们日常学习生活中典型的心理问题；第二，校园心理剧是一种发展性的团体心理辅导方式，基于心理剧的理论与有关技术基础，学生在心理老师和全体参与演出者以及观众的帮助下，可以学会如何正确应对和处理心理问题；第三，校园心理剧对学生的心理发展具有积极促进作用，通过校园心理剧创作、演出和分享，不仅可以使演员学会如何正确应对和处理心理问题，还可以使更多的学生受到教育。

我们可以对上述的校园心理剧定义进行整合，并从实质和操作两方面重新给出概念界定：从实质上来说，校园心理剧是基于心理剧的理论与有关技术基础发展起来的一种发展性团体心理辅导。从操作上来说，校园心理剧是学生通过扮演当事人（或由当事人自己），借助舞台来呈现日常学习生活中的典型心理问题，在心理老师和全体参与者以及观众的帮助下，学会如何正确应对和处理心理问题，从而使全体学生受到教育启发的一种团体心理辅导方法。

从学生的角度来说，借助校园心理剧，可以将生活、学习、交往中的烦恼、困惑等编成小剧本，以角色扮演、情景对话、内心独白、舞蹈、音乐等多种艺术表达方式进行表演，在表演和探讨中解决心理问题、增进心理健康水平，这既是一种艺术性的心灵表达活动，更是一种发展性的觉察感悟活动。

第二节　校园心理剧的特点

校园心理剧是对师生进行心理健康教育的有效途径。它的形式多样、方法新颖，可以满足学生内在的表演欲和创造欲，使学生乐于参与。在表演过程中，学生通过对角色的假设和创造可以获得生活中所不曾有的体验，从而丰富并积累对生活的经验。它主要有以下特点：

一、主体性

学生是校园心理剧的主角。校园心理剧由学生自主参与编写剧本、自导自演、自行设计舞台效果和扮演各个角色，学生在整个过程中感受情绪，塑造行为，感悟成长，体现了学生的主体性地位。而且整个剧情的设计都是反映学生成长问题，以学生角色为主角，整个剧情展现学生的所思所想，学生真正当上了主人翁，发挥主体性作用，教师只是起协助指导作用。

二、启发性

校园心理剧以心理剧理论为基础，根据学生心理、生理特点，启发学生对学习和生活中存在的心理问题进行自编自演。这一过程，无论是对"演出自己故事"的演员，还是对"观看别人故事"的观众，都有启发教育意义。班杜拉的社会学习理论提出，个人可以通过观察他人的行为，习得新的行为或者改变已有行为。参演或观看校园心理剧的学生，观察学习舞台上的主角如何应对心理困境，重新思考自己遇到的成长困惑和问题，并进行经验的整合，从而学会正确应对困难与挫折，培养自己良好的心理品质。

三、发展性

发展性是校园心理剧最突出的特点。校园心理剧的目标对象是全体学生，目的是帮助学生解决在实际学习和生活中所遇到的心理问题，提高学生对心理健康的认知水平，引导学生形成积极、健康、乐观的学习和生活态度。校园心理剧剧情要符合学生正常的心理发展特点，以故事情节发展变化揭示主人公内心的真实世界。学生在发现问题、解决问题、形成积极应对方式的过程中，认识自我、反思自我、调控情绪、激发潜能、健康成长；同时使参演和观看的学生的心理品质向积极方面发展，预防或避免某些心理问题的发生，帮助学生达到自我展现、自我启发和自我改变的教育目的，促进学生知情行统一协调发展，促进其健康人格的形成。

四、开放性

校园心理剧可以由一人创作也可以由多人共同创作，主角可以是一个真实的个体也可以是一类人的缩影。在创作与表演过程中，校园心理剧注重表演者和观众的对话交流、分享理解、沟通合作，从而实现表演者与观众心态的开放、剧情走向的开放。学生可以根据自己的情况选择不同的角色，通过角色互换丰富自己的体验——既可以当事者的角色表演自己或他人的心理困惑，又可以参与者的身份表演、协助当事人将心理问题生动地呈现于舞台上，还可以观众的身份参与观看、对话交流。校园心理剧的编创、演出、分享和延伸等所有环节都包含教育意义。

五、活动性

校园心理剧通过角色扮演为学生提供了呈现、深入、解决自己心理问题的平台，通过创编、演出、讨论分享等一系列活动，让学生"演出你的故事"而不是"说出你的故事"，实现对学生进行教育的目的。校园心理剧的常用技术有旁白、独白、替身、角色互换、镜像、束绳、雕塑、魔幻商店等，通过活动体验的方式将学生可能遇到的心理问题直观地展示在观众面前，让观众直接看到冲突情境，这比单纯的说教更具感染力。

六、情境性

校园心理剧取材于学生在真实生活情境中遇到的问题，并以生动、有趣的形式呈现出来，迎合了学生活泼爱动的特点，易于被学生接受，因此受到学生的喜爱。校园心理剧的剧情来源于身边发生的故事，呈现出学生内心真实的想法和感受。剧情中人物面临的困境也是现实生活中学生面临的问题，如入学适应、亲子关系、学习压力、青春期心理、同学关系、异性交往等。学生在身临其境的情境中演出和观看能够产生强烈的共鸣、共情和深刻的思考。真实的校园心理剧有利于学生学习剧中人物解决心理困境的方法，帮助学生提高处理现实问题的水平。

七、参与性

校园心理剧是对学校师生进行心理健康教育的有效途径，能有效促进师生之间的互动，激发学生的创造力和自主性。校园心理剧既可以作为心理健康教育课的一个片段呈现，也可以在班会课中使用。学校可以组织全校性校园心理剧的演出和观看，一些特别优秀的作品可以在其他学校巡演或制作成线上心理健康教育教学资源。在这一过程中教师、学生、家长都亲自参与其中，实现校园心理剧的教育价值最大化，有助于教师、家长和学生共同获得成长和感悟。

第三章

校园心理剧的基本元素与活动过程

第一节　校园心理剧的基本元素

校园心理剧是学生在教师指导下将日常生活中的事件以安全的方式表演出来，重现事件的真实发展过程，并引导表演者和观众去探索事件背后的心理问题和解决心理冲突的办法。在演绎校园心理剧的过程中，参与者不断地感受和体验各种角色的心情与状态，与同伴交流分析并讨论解决问题的方案，从而形成一个较为稳定的表演形式，最终在舞台上与观众分享。校园心理剧是发展性团体心理辅导的一种形式，要把它完整地演绎出来，需要涉及六大元素：一是导演，一般由心理老师担任；二是主角；三是配角；四是观众，包括观看校园心理剧演出的其他人；五是活动场所；六是剧本内容。此外，有的学者主张"三大要素"或者"五大元素"划分法，但不管怎样划分，一般都包括以上六种元素。

一、导演

导演一般由心理老师或者班主任担任，其作为校园心理剧的指导者、策划者及组织者，把握和控制校园心理剧的进行，在需要时进行引导、点拨和分析，但与剧组其他成员处于平等地位，不能有过分的支配性与"自我中心"。导演在暖身阶段对群体行为作评估，并进行角色分配和组织热身；在演出阶段描述探索问题、维持演出过程和进行解释；在分享阶段组织参与者分享各自的体验和感受。校园心理剧导演（心理老师）的素质影响着心理剧的辅导效果。心理老师最好有亲身体验心理剧技术、参加心理剧的实际经验，还应具有高度的敏感性、领悟力，能够有效地整合校园心理剧所反映出来的行为，并引导表演者向预期的方向发展。心理老师还应该清楚认识到团体的功能，认识到自己的缺点与不足，不应让自己私人的价值观掺杂在辅导过程中，要时刻认识到自己的价值观对工作的干扰及可能引发的后果。

二、主角

主角作为剧本的当事人，也是心理剧中最重要的元素，是指遭受心理困惑或承担校园心理剧主要心理冲突的人物。他们是整场校园心理剧的焦点，其他因素都是随着主角的需要和指示进入心理剧当中的。主角在表演过程中提出问题并获得指导帮助，或者通过他人的表演演绎问题，领悟问题产生的原因以及解决问题的方法。依托导演以及参与者的支持，主角在心理剧中实现生活场景的回顾，并在场景中扮演自己，也可以根据情节的实际设计扮演他人。通常来说，这些场景可能存在于主人公过去或现在经历的事件中，也可以来自个体的想象（包括可能发生的场景、应该发生的事件、未来会发生的情况等）。例如，在一项针对小学高年级的情绪调节能力发展研究中，导演要求主角将最近发生的生活事件加入剧本。但是，无论主角存在于何种场景中、扮演何种角色，心理剧始终聚焦于其真实经历。从这一角度来说，心理剧要着重关注主角如何看待他人，不需要从其他角色的角度看待相应情景或事件，也不必完成"客观事实"的确认与还原。

三、配角

配角有广义、狭义之分。广义的配角是整个团体中，除了主角以外的其他成员；狭义的配角是指在主角的心理剧中担当角色的成员。在校园心理剧中，一般采用狭义的配角概念。通常情况下，在某一心理剧的表演前，导演会引导主角在群体中向其认为"合适"的人发出邀请使其成为配角，这一选择通常是直觉的和自发的。选择的配角可以是不同年龄、性别和背景的人。他们在主角的生活中扮演着重要角色，承担着"治疗剂"的责任，通过自己的表演帮助主角、影响主角，他们以其所饰演人物的口吻和行为方式同主角交往并坦诚说出自己的想法，能够激发主角处理和解决问题的信心与决心，进而影响整个校园心理剧的进程。

四、观众

心理剧的观众不仅欣赏心理剧演出，更重要的是体验心理剧的感受。观众在心理剧的演出中只是观看，不能够以任何方式影响心理剧的剧情，但可以在心理剧演出结束后与主角分享自己的感悟或者自己生命中与主角相类似的经历。观众并非局外人，一方面，通过观看演出和分享讨论，观众能够为当事人提供支持或领悟心理问题产生的实质，并提供建设性的反馈；另一方面，主角的经历可能会引起观众的共鸣，观众可以借此宣泄自身的情感。因此，心理剧观众需要积极参与，而非被动观看。

五、活动场所

活动场所主要是舞台、观众席，包括灯光的明暗、道具的摆放、背景音乐的播放、背景图片的设计、音箱的设置等。在校园心理剧中，舞台是重要的活动场所，一个舞台可以将过去、未来与现实的感受融合在一起，既便于演员入戏，又可以让观众了解剧中时空的转变，产生相应的体验和感受。校园心理剧舞台不必像喜剧的舞台那样华丽，更注重的是能否对主角起到催化的作用，使主角在舞台中感受到自己的内心世界。但舞台和观众之间还是要留出区隔空间，这样才能令主角在踏入舞台空间的刹那，产生踏入心灵世界的感觉。

六、剧本内容

校园心理剧不塑造人物典型，而是围绕问题展开，重在通过问题展现心理发展历程和对问题的感受，探寻事件对个体心理发展造成的影响，并且通过对心理问题的陈述、辨别和澄清来明确问题或调整心态。心理老师利用丰富的知识、经验对表象进行分析，挖掘隐藏在背后的深层问题和意义，连接零星的片段，找到造成心理问题的深层原因，通过表演、直观形象的显现，有助于当事人了解问题的真相和实质，更好地体验和领悟。剧本内容包括事件和人物关系。

（1）事件是引起当事人内心冲突的导火线和造成心理问题的原因，是其真实生活中发生的，对其造成重要影响的事情。心理剧围绕事件展开，无论当事人对事件的看法是否正确，心理剧的导演、配角都要尊重当事人的想法，并依照主角本身的意愿完成心理剧表演。在心理剧中，当事人可以对时间、情节进行控制，体会到更高的安全性。此时，结合心理剧技能，通过对事件的演绎，当事人进行重新思考和领悟，形成新的感悟和理解，达到认知改变和行为矫正的目的。

（2）人物关系是人在社会生活中通过交往所形成的人与人之间的各种关系，成为个人生活甚至生命中的一部分，对个人的成长发展起着极其重要的作用，从各个方面影响着人的心理。心理剧通过角色扮演的方式，运用替身技术、角色交换技术等，现场再现造成心理问题的各种人物关系，展现人与人之间情感关系的矛盾和冲突，使当事人通过观察和领悟来调整自己的行为，形成新的解决问题的办法，实现自我提升，从而为自己在现实生活中恰当地处理各种人物关系奠定基础。

第二节　校园心理剧的活动过程

校园心理剧是基于心理剧理论基础，通过学生扮演当事人或由当事人自己借助舞台来呈现他们各种典型的心理问题，在心理老师和全体参与者以及观众的帮助下学会如何正确应对和处理心理问题，从而使全体受到教育启发的一种团体心理辅导治疗方法。学生把自己在实际生活中遇到的事件编写成剧本，然后按照剧本选择人员来进行表演，但表演者不完全是懂表演的学生。有时候，根据剧情发展和观众表现，还可以随时邀请作为观众的学生上台来表演剧中某一角色，让学生参与到剧中来，让他们有更深的心理体验。因此，校园心理剧不是单纯的背台词，它是一个变化的过程，是一个分享的过程，也是一个当事人和观众共同成长的过程。此外，校园心理剧也是师生共同参与的具有创造性和交互性的活动。

我国学者周国韬曾提出校园心理剧活动的内容包含学生发展中的心理问题和解决这一问题的方式（也叫应对方式）两个方面，并指出校园心理剧活动的过程由明确问题、解决问题和分享讨论三个环节构成。但更多的学者主张将校园心理剧的演绎过程分为暖身、演出和分享三个阶段。

一、暖身阶段

暖身是校园心理剧的第一阶段，它的主要任务是了解学生的实际心理需要，根据各个学生的不同特点分配好角色，帮助团体成员更好地融入角色中。同时，它还能激发成员的自发性与创造性，增加成员之间的互动，使彼此都感受到安全、信任，并明确要开展的主题，协助成员将焦点集中在自己的内心世界，准备和酝酿问题，以便更好地演出。

因为每个人在进入团体前都有不同的经历，有对生活的想法和感受，即使他们有相同的经历，但每个人的理解不同，看法也会不同。因此，在开始心理剧之前，一定要有充足的热身才能够让主角愿意叙述自己的经历，让配角充分理解和接纳主角，并参加到主角的心理剧演绎中。在热身时，成员要有足够的时间互动，才能将身心全程投入进来，足够的互动还可以帮助成员进一步探索自己想要的主题和角色。校园心理剧的暖身形式有很多种，包括游戏热身、绘画热身、言语热身、音乐热身等，其主要目的就是协助团体成员相互熟悉，充满热情地参与到心理剧演出中来。

二、演出阶段

暖身之后，导演和主角就开始进入校园心理剧的演出阶段。这是校园心理剧的主要部分，在该阶段，主角将呈现和探讨其关心的问题，该问题通过导演使用各种技巧，借由肢体感受与行动表现的方式呈现出来，进而使参与者产生新的体验或领悟。主角在具体的情境中将自己内心的困惑或心理冲突和情绪表达出来，在体验到安全的前提下，主角还可以做出新的尝试，在心理剧中发泄、释放自己平时不敢表现的真实感情。为了使演出达到预期目标，导演要充分调动表演者的自觉性和主动性，恰当运用各种心理剧技术，使全体成员都能够投入地参与到剧本表演活动中来。

在校园心理剧演出阶段，导演起着非常关键的作用。一方面，他要指导和帮助主角如何更好地把自己心理矛盾的产生、发展过程充分展现出来，并引导主角利用自身的力量来解决其心理冲突；另一方面，也要指导配角如何表现自己的行为和语言，让他们真正体会到自己的心理发展过程。此外，导演应该发挥学生的创造性，允许学生根据自己的想象和感受对剧中的情节进行讨论与临时修改，鼓励他们发挥原创性和创造力，使得演出更加贴近学生的实际。

在演出过程中，还有一些细节工作，包括布景、挑选主角替身和其他角色等。在演出过程中，主角和配角在舞台上演出，而其他成员则在周围观看，不影响舞台上的表演。同时，为了加强校园心理剧的效果，有时候需要根据场景对舞台进行相应的布置，包括调节灯光颜色、亮度，摆放道具，选择音乐等，细节处理也影响着演出效果。

三、分享阶段

分享阶段是校园心理剧的最后一个阶段，也是校园心理剧的精华部分。虽然是剧场演出，但应尽可能地鼓励观众参与表演和讨论，这是一个增加经验、宣泄情绪的必要过程。心理老师可以预先设计一些问题让参演和观看的学生一起讨论，并交流和分享各自的情感体验，使学生尽量消除自己身上存在的类似心理困惑。

很多时候，分享本身就是一种治疗，因为各成员之间相互交流感受和领悟能够使当事人从不同角度看待问题，让大家能够充分了解他人的反应和感受，学会换位思考，改正错误的认知；同时这也可以使得团体气氛更融洽，使当事人获得安全感和归属感，获得团体的支持和帮助，从而消除无助感，增强信心和勇气。对于表演者来说，心理老师可以让他们谈谈自己在表演过程中的体会、感受和收获，主角可以分享自己在表演过程中的情感变化、心理冲突等，配角则可以分享自己的情感变化和对主角表演的感受。而对于台下的观众，心理老师则可以让他们自由表达对整个心理剧演绎过程的想法和感悟，或者表达对主角的观察和感受，同时还可以让他们结合自己的实际生活来讨论想要探讨的问题，这样更能让观众产生兴趣，还可以让他们通过角色扮演来解决自己的问题。

但同时非常重要的一点是，导演在与团体成员分享的时候，要注意让成员只是分享自己与主角相类似的经验和被触动的感受，而不能评价演出，更不能对主角的事件进行点评，也不能说"要是我，我会怎么做"，因为他不是你，每个人永远都不能替别人做决定。在分享的过程中，导演要鼓励成员对主角这个人和他的经历进行认同，鼓励配角和观众分享他们类似的经验与感受。而同时，主角的经验也可以一般化，不要让主角觉得自己非常特殊，从而使其更好地进入真实的现实世界中。

此外，校园心理剧也是师生共同参与的具有创造性和交互性的活动，其过程体现了明显的生成性特征。

一方面，剧本的创作具有生成性特征。在校园心理剧活动中，剧本的创作是第一步，它需要创作团队根据选定的主题和情节设定来构思故事情节与人物角色。这个过程中，创作团队可以通过头脑风暴、讨论和交流来不断生成新的创意与故事线索。他们可以根据参与者的实际情况和心理需求，设计出引人入胜、具有启发性的剧情，既能吸引观众的注意力又能激发观众的思考。

另一方面，演员表演的生成性也是校园心理剧活动中的重要一环。在剧本确定后，演员需要通过反复排练来逐渐生成各自角色的表演。演员可以通过解读剧本、理解角色情感和心理状态来创造自己的表演方式，可以通过身体语言、语调、面部表情等多种手段来展现自己所饰演角色的特点和情感。在表演过程中，演员也可以根据角色与其他演员的互动来生成更多内涵和情感表达，使演出更加生动有趣。

综上所述，校园心理剧活动过程具有互动性和生成性的特征。剧本的创作、演员表演以及情节发展都是通过创意的生成和参与者之间的互动来实现的。这种互动性和生成性特征使得校园心理剧活动不仅能够"寓教于剧，寓教于乐"，而且能够引导观众反思，达到教育和启发的目的。

第四章

校园心理剧的主要功能与独特价值

第一节　校园心理剧的主要功能

校园心理剧是团体心理辅导的一种形式，是一门以心理剧理论和技术为基础的专业助人活动。其以独特的戏剧形式将心理问题呈现于舞台上，使学生通过观察、学习、体验，深入了解各种心理问题，触发内心深处的情感体验，从而产生强烈的情感共鸣，并从中获得相应的心理教育。

校园心理剧所反映的心理问题和心理障碍都来自学生，主要包括下列四个方面的问题：学习心理问题、人际关系问题、自我意识问题、适应问题。校园心理剧是通过演员将这四类问题中具有代表性的心理问题呈现于舞台上，使全体学生受到教育启发，从中获得相应的心理教育，以引导他们学会如何正确应对和处理心理问题的一种团体心理辅导方式。校园心理剧具有教育、治疗及发展功能，它引导学生体会角色的内心独白，从而引起学生自己内心的情感体验，这种特殊的情感体验是无法通过说教获得的。

一、教育功能

学生在成长的过程中，难免会遇到种种不如意，诸如学习、人际关系、自我意识和挫折等方面的问题，而在面对这些问题时，缺乏正确的认知和必要的应对技巧会导致问题的恶化。校园心理剧的教育能让参与的学生产生认同感，使他们的情感得以宣泄，同时剧情的发展帮助其形成正确的认知，并通过深刻思考掌握应对心理问题的技能，提高自己的调适能力。在校园心理剧中，学生可以通过宣泄自己的情感和情绪，释放内心的压力和紧张情绪。校园心理剧为学生提供了一个安全的空间，可以让他们自由地表达自己的情感，从而达到放松身心、促进心理健康的目的。同时，校园心理剧还可以通过引导学生表达自己的情感与情绪，帮助他们更好地理解和处理自己的情感与情绪，从而提高学生的情绪智商和情绪管理能力。已有研究证明，校园心理剧是适宜学校心理健康教育的优良模式，可以防止学生对自己心理问题的掩饰，为学生提供了一个宣泄不良情绪的场合，创造了一个塑造良好行为模式的机会。

　　校园心理剧是一个多维度的人际互动环境，是一个模拟的社会。在校园心理剧中，主角和配角的交互活动，会体现各种人际关系，也会表现出多种适应校园心理剧情境的行为反应。学生可以把在校园心理剧中形成的新行为迁移到现实生活中，这样会避免直接在社会中为锻炼新行为而受到的打击。通过演出和演出后的反思，学生能学到许多人际沟通交往的知识和技能，建立和谐的人际关系，提升亲社会行为及良性行为循环。校园心理剧的核心理论是角色扮演理论，其为当事人提供了一个不同于日常生活的"角色扮演舞台"，为展现、宣泄、评估学生所经历的心理冲突提供了一个宽松的、开放的、安全的心理氛围。这种独特的角色扮演氛围具有激励创造性改变的作用。通过角色扮演，主角将现实自我和所扮演的角色分离，使人们把自己和日常生活中所扮演的角色分开，形成角色距离。角色距离的形成使当事人可以一个新的视角，即从旁观者的角度重新审视和理解自己的心理困惑与冲突，改变以前自己对事态的看法和观念，重新体验生活的价值和意义。

　　总之，校园心理剧的教育功能体现为帮助学生增强自我认知，改善人际交往，培养团队协作和沟通技巧，促进身心健康发展。同时，校园心理剧的创意和实践性也可以丰富校园文化生活，提高学生的综合素质和潜能。

二、治疗功能

　　校园心理剧提供了一个平台，让学生可以探索自己的内心世界并整合自己的情感和思想，同时校园心理剧将学生可能遭遇到的心理问题搬到舞台上，让可能发生这类问题的学生能够及时采取相应的措施应对，避免问题的发生，减少成长过程中的苦恼，促使他们健康成长。校园心理剧的治疗功能体现在其可提高学生对心理健康的重视程度，使学生更关注自己的心理健康，促使其在遇到心理问题时可及时向专业人士求助。

　　校园心理剧可以让学生在短时间内体验到复杂的情感过程，缓解低落的情绪，重新对特定的情感进行真切的感受。已有研究表明，校园心理剧可以帮助学生缓解抑郁情绪、活跃思维和重新认识自我，并具有消除自卑、提高自尊和自我价值感的心理康复作用，可作为一种科学有效的心理治疗手段应用于精神科临床。学者李帮琼的研究表明，心理剧治疗在巩固疗效，改善患者焦虑、抑郁情绪，显著提高患者的心理健康水平及生活质量上有重要作用。

校园心理剧充分运用了角色扮演在心理治疗中的作用，在尽量少的干预情况下实现当事人心理的学习和成长，尤其对协调和改善人际关系、促进个体成长更是具有良好的效果。人际关系包括家庭、学校、社会等在内的广泛人际交往。校园心理剧让个体有机会尝试和体验多种角色。通过角色间的灵活转换和不同层次的角色扮演，个体可以获得一个全新的角度去体验他人的感受，理解交往中存在的情绪冲突和矛盾，从而改善个体以自我为中心的僵化死板的人际关系，为理解自己和他人提供了可能。

三、发展功能

校园心理剧的发展功能主要体现在它是面向全体学生（包括表演者与观众）而进行的一种团体辅导方式。

一方面，对于观众而言，由熟悉的同龄人来演绎现实生活经验显得更有真实感，从而更容易引起共鸣，达到"以剧为镜"的效果，增进观众对于心理问题的理解。通过剧情的展现，观众可以更深入地理解剧中人物所面临的心理问题，从中发现自己生活中应该注意的问题和细节，从而避免同样的问题在自己身上重现。同时，校园心理剧能够引导观众探索内心世界并进一步激发积极情绪，通过观察和分析剧情的进展，观众可以更深入地了解自己的内心世界，探索自我成长的可能。并且剧中人物所面临的情感和心理问题也能够激发观众的共鸣，从而帮助他们更好地认识自己和他人的优点。

另一方面，对于参与者来说，剧本的创作与表演集中了创作者的过往经验、行为模式与意识观念，通过有意无意地再现问题的产生及结果，实现了对过往行为的反思，从而帮助参与者学习新的更适宜的行为模式及观念。同时，通过参与心理剧的表演，学生可以在镜像自我中获得更多的认同感和自我价值感。当他们在舞台上展现出优秀的表演时，会得到老师、家长和同学的赞扬与鼓励，这有助于提升他们的自信心和自尊心。此外，心理剧也能够提供一种安全的氛围，让学生体验成功和失败，从中学习如何面对挑战和困难，而且表演本身对表演者表达能力、创造能力、实践能力、自信心培养等各方面都有促进作用，特别是在创造能力和创新思维方面。在创作和表演心理剧的过程中，学生需要发挥想象力和创造力，以新颖的方式表达和解决问题。这种过程有助于培养学生的创新思维和解决问题的能力，让他们以更加灵活和创新的方式应对现实生活中的问题。

　　总之，校园心理剧是一种极具价值和影响力的心理健康辅导方式。通过生动形象的情境展示、亲身体验、互动模拟和创新思维培养等方式，可以帮助学生提升心理素质、改善人际交往、增强社会技能、培养创新思维以及提升自我价值感。这些功能和发展性价值使得校园心理剧成为一种极具吸引力的心理健康辅导方式，值得在校园中广泛推广和应用。

第二节　校园心理剧的独特价值

校园心理剧除了具有以上常规功能，还有独特的应用价值。

1. 校园心理剧通过"寓教于戏"，在全新的艺术表现中渗透心理健康教育理念

　　校园心理剧是在全新的艺术表现中渗透心理健康教育理念，"寓教于戏"即通过对来源于真实生活的心理冲突的演绎，以小品表演、角色互换、情景对话等夸张的艺术形式表现人物的内心冲突和情绪波动，在轻松、自然、充满感染力的氛围中提高认可度和接受度。其形式直观、生动、形象，不仅使学生在心理方面受到教育，还能丰富学生的学习生活和精神生活，使学生感受学校生活的丰富多彩，同时其内容和实施手段也能激活学生的视觉空间与审美素质，促进学生的心灵净化。校园心理剧综合了文学、绘画、雕塑、音乐、舞蹈等艺术元素，集中了编剧、导演、演员、美术设计师等各类人才的智慧和才能，所创造的形象是一个复杂的综合影像，学生观看校园心理剧的过程就是他们在集中而又广泛地接触各种艺术，这是一个美育的过程，提高了学生的艺术修养和视觉审美素质。例如，在校园心理剧《鸿沟》的演出中有这样一幕场景：女学生小红与她妈妈的关系出现裂痕，妈妈很唠叨。小红喜欢看漫画书，但她妈妈怕影响学习就不允许她买，但是小红常常偷偷去买。有一次被妈妈发现了，妈妈将她的漫画书扔到垃圾堆里，结果她和妈妈大吵一场就离家出走了……在演出这部剧的时候，心理老师让一个学生扮演小红，另外一个学生扮演她妈妈，心理老师收集了小红童年时与妈妈一起旅游的照片，还请妈妈本人写了一封给小红的信，信的内容大致是解释

了为什么不给小红看漫画书，这封信由扮演者现场代读，当剧情推向高潮的时候，舞台银幕上先用幻灯片的形式播放了小红童年时与妈妈亲密无间一起玩耍、旅游的照片，接着播放了现在逐渐苍老的妈妈的照片，两者形成鲜明的对比，此时背景音乐《烛光里的妈妈》响起来。此时此刻演员、观众都沉浸其中，小红也深受感动，热泪盈眶……可以想象这种直观、形象而感人的艺术形式具有多么强大的感染力，这正是校园心理剧诱人的魅力所在。

2. 校园心理剧通过"移情和投射"可以防止学生对自身心理问题的掩饰倾向

学生的心理问题是多种多样的，有共性的，如环境适应不良、人际关系紧张、青春期性心理发育困惑、学习焦虑、青春期的异性交往困惑等。但也有个性的，个性问题比较隐蔽，学生在咨询的时候面对老师，通常因为自我安全感不够而不敢敞开心扉或者难以直接表达内心的困惑。一般来说，学生共性的心理问题比较容易暴露，会引起老师的关注，可及时采取措施予以干预，但较隐蔽的个性问题，会给心理咨询工作的及时性、有效性带来一定阻力，而校园心理剧恰好能在某种程度上解决这一问题。校园心理剧"是一种可以让人练习怎样过人生，但不会因为犯错而被惩罚的方法"，校园心理剧活动是"演戏"，是"演出别人的故事"。但学生会在演戏的过程中把其在生活中解决问题的方式，个人的性格特点、喜怒好恶不由自主地移情和投射在剧情里面，从而通过剧中的人物表现自己的意愿、观念、性格和行为方式。心理老师能够很清晰地看出每个人的特点和问题所在，对于心理较为脆弱的青春期学生来讲，这种暴露心理问题的方式因带有保护性色彩而容易被接受。

3. 校园心理剧通过搭建同伴心理互助平台，实现朋辈互助

校园心理剧可以作为朋辈心理辅导的一种方式，促使学生在同伴心理互助的过程中学会互助和自助。以心理剧的形式开展朋辈辅导易于被学生所接受，从剧本撰写、剧本排练、表演到最后的分享阶段，这一过程本身就是朋辈心理辅导的过程。有研究表明，学生更愿意向同伴倾诉自己的喜怒哀乐，同伴的影响对学生的成长非常重要，在与同伴的交往过程中，学生形成了对某些事物的态度和价值观，获得了从他人角度看问题的能力，学会了交往和合作。校园心理剧为学生提供了人际互动的环境，搭建了同伴心理互助平台，让学生在解决心理问题的过程中表达自己的想法，也体会别人的感受。在这种同伴心理互助中，学生对自我的认识不断深化，设身处地理解他人（同伴、教师、父母等）的同理心不断提高，对情绪和行为的自我控制、自我调节能力不断发展。同伴互助还能在一定程度上进行心理危机干预，减少恶性事件的发生。例如，广州市某职业技术学校有一名计算机专业的男学生与上海某职业技术学校的一名女学生网恋了半年时间，双方每天都定时在网上见面聊天。突然有一天，那名女学生不告而辞，在网上消失了。这名男学生非常痛苦，百思不得其解。正当他想去上海找那名女学生的时候，那名女学生又在网上出现了，并且告诉这名男学生自己在生日派对中遭到了强暴，这名男学生听后一时间情绪和行为极端反常，扬言要到上海为那女学生报仇，他把这件事情告诉了心理剧团的一名成员，该成员认真倾听男学生的事情后，对他进行耐心疏导并陪伴他，使他的情绪慢慢平静下来，然后陪同他一起找到学校的心理老师，心理老师立刻对这名男学生进行心理辅导，避免了一次恶性事件的发生。

4. 校园心理剧为家校共育提供一个平台，有助于改善亲子关系

随着社会进步、时代发展，诸如离婚率上升、留守儿童和隔代抚养等现象不断出现，导致亲子关系问题越来越严重。校园心理剧提供了一种促进亲子沟通的渠道，主要表现在以下两方面。

一方面，越来越多的人认识到家庭教育是造成学生心理问题的一个主要原因，家长关注学生心理健康的意识也在不断增强。校园心理剧搭建了一个平台，将日常生活中亲子冲突比较严重的问题以校园心理剧的方式表现出来，使得家长能看到孩子的真实想法和内心世界，这样父母能真正地了解孩子，改善家庭教育的观念和教育方式，增进与子女的理解和沟通。所以校园心理剧也是家庭教育的一个创新途径，能改善亲子关系。

另一方面，在以亲子关系为主题的校园心理剧中，校园剧本创作为学生提供了交流的机会，他们会从同伴的身上学习处理亲子关系的宝贵经验，促进学生自我剖析，从而正视自己与父母的关系。总之，角色扮演可以帮助家长与学生走出固有的思维模式，进行移情和换位思考。而表演后的讨论、分享过程，为父母与孩子创设了一个平等、民主、自由和宽松的沟通环境，学生能够有机会了解父母的想法和观念，能设身处地理解、体谅父母。

5. 校园心理剧中的角色扮演可以帮助学生改善个性心理结构中不良的心理倾向，建立健康的行为模式，形成健全的人格

普通心理学认为，个性心理结构主要由个性意识倾向性和个性心理特征两大部分组成。需要、动机、兴趣、理想、信念和世界观等是构建个性意识倾向性的主要要素。性格、气质和能力则是个性心理的三大特征。

校园心理剧的常用技术是角色扮演和角色转换。心理学家研究发现"较长时间的角色扮演经验可以改变人们的心理结构。由于扮演中真实、直接的情感体验的支持，所扮演角色的某些特征最终能被内化在扮演者的心理结构当中，从而使扮演者的个性发生实质变化"。下面这个经典的心理学实验也许能进一步说明这个问题。

20 世纪 70 年代，研究者在斯坦福大学心理系地下室建造了一座模拟监狱，以每天 15 美元的报酬招聘自愿参加实验的大学生，并通过问卷和面试挑选了 24 名最成熟、情绪最稳定且反社会倾向最低的应征者参加实验。24 名被试被随机分为两组，第一组 6 人，充当监狱警卫，另外 18 人为第二组，充当囚犯。研究除了模拟这一点之外，其他一切处理与真实监狱一样。实验开始时，"囚犯"被响着警笛的警车从家中带走，经过搜身、换号衣、喷防虱液、戴镣铐等程序后，被投进监狱。警卫配发制服、警哨、警棍等用品，并实行 8 小时轮班制，维护监狱秩序。结果，原计划两周的实验到了第六天就不得不终止。充当警卫和囚犯的被试的情绪与行为越来越像真的警卫及囚犯，"囚犯"越来越显示出被动、依赖、压抑、无助、自贬等消极情绪与行为，而"警卫"则以侮辱、威胁"囚犯"等非人道方式来取乐，甚至罚"囚犯"做俯卧撑，拒绝他们上厕所的要求。事后，研究者对被试进行了长期、多次的心理咨询式补救，以消除实验给他们带来的影响，而这种咨询关系持续了一年。这样的戏剧性结果引起了广泛的关注，使人们更清楚地认识到心理情景剧在参与者心理、行为与性格上的作用。

鉴于角色扮演对学生人格的深刻影响，学生在创编、演出反映健康人格题材的校园心理剧时，要对健康人格典型形象进行挖掘并塑造榜样，学生对剧中典型人物的扮演过程，是学生个体通过行为模仿或行为替代尝试改变自己旧有的行为或学习新的行为的过程，心理老师应该引导学生消除内心潜藏的低劣思想，进而充实、完善和健全学生的人格。可以说，校园心理剧是引导学生通过角色扮演的方式提高学生的角色承担能力，促进个体社会化、矫正人的行为缺陷的重要手段。

第五章

校园心理剧的常用技术与戏剧范式

第一节　校园心理剧常用的心理剧技术

校园心理剧通过心理剧技术将剧中主要演员的心理冲突、矛盾困惑以角色扮演的方式展现在舞台上，并让所有观众能身临其境地感受情境，产生心理体验，设身处地在感受和体验中学习。校园心理剧借用了心理剧的一些治疗和辅导技术的精华，并结合学校的特点进行适当改良。

一、角色互换

（一）什么是角色互换

角色互换是心理剧角色扮演的核心，是校园心理剧最基本的技术，是指帮助个体与其他角色之间相互交换，可以让主角切身体会到平时所不能体会到的他人的想法和感触。一般当个体尝试与他/她正在体验到的冲突的那个人达成协议而有所收获时可以建议用角色互换的方法（陈秀娟，2010）。在心理剧演出阶段，角色互换是很重要的，莫伦诺（1983）认为，主角需要从自己的主观态度出发，表演出感受的事件。这一技术鼓励最大限度表达冲突情境。

（二）角色互换的作用

通过角色互换可以重新整合、消化和超越束缚参与者的情景。角色互换可以充分表达参与者对现实的理解，从团体中的其他人获得他们所扮演角色的态度反馈，在一定程度上可以帮助他们发现甚至修正自己的歪曲观念。角色互换可以帮助主角增进对重要他人的深入认识。

（三）角色互换的教学应用

例如在一个以家庭亲子冲突为背景的校园心理剧中，学生分别扮演问题情境中的老师与学生、家长与孩子或者孩子与其他各种人的角色，重温问题情境，然后彼此交换角色，体验另一个人的所思所想。这种角色互换有助于加深学生对自己当时行为的反省，更有助于学生体验他人的情感，以融洽师生、亲子之间的关系。

此外，利用角色互换，导演也可以帮助主角在某些场景和自己的某些性格或者个体内在的某个角色进行互换，从而了解自己的真实境况，通常这是通过象征或预言的方式来协助进行的。比如，主角感到被两种感觉拉扯，她被要求扮演这两个部分。一个部分是进入黑洞中，另一个部分则是父亲死前那个失落的孩童时期。对话开始，黑洞难以听到孩童时期所说的话，直到他们的眼神开始有所接触。借由这样的开始，那个一直都没有被觉察到、失去与双亲亲密连接的悲伤，逐渐清楚地聚焦。从这里可以看到，主角自己和自体内在的黑洞、失落的孩童时期进行角色互换，互相对话，从而觉察到自己心中的黑洞——悲伤感受（邓旭阳等，2009）。

二、镜照技术

（一）什么是镜照技术

镜照技术是指主角看别人演自己，即让另一位演员来代表冲突中的主角，尽可能地模仿主角的一切，让主角有如照镜子一样，看到自己的行为举止和内在心态，以旁观者的立场认识到其他人是如何看自己的。

（二）镜照技术的作用

通过镜照技术这一回馈过程，有助于帮助主角澄清自我观念和与他人沟通间的差异（Goldman & Morrison，1984）。镜照技术让主角有机会以一个旁观者的角度去看待自己所处的场景，有机会重新整理自己的思绪，也更客观地评价自己。镜照技术会让主角觉得像照镜子一样，看到自己的行为，甚至是内心的想法，从侧面客观了解自己在现实生活中的言语，激发自己改变的愿望，促进不良行为的改变。

（三）镜照技术的教学应用

布兰特纳（1988）认为镜照技术是强有力的面质（confrontation）技术，需慎用，所以在校园心理剧中应在关心和同感的氛围中使用，而不能让主角成为被人讥讽的对象。布兰特纳强调："导演要教导扮演主角角色的辅角，不要演得过火，或者是讥讽主角。"导演必须努力创造一种尊重挑战的真实本质的气氛，以及支持进入自我批判的过程里去发现更好的处理之道的勇气（邓旭阳等，2009）。例如心理剧《我的心情我做主》中，就运用了镜照技术，在此节录片段（此片段选自陈秀娟的《校园心理剧教学研究》一书）：

小刘：镜子，你说碰上这样的事，我的心情能不糟糕透吗？这些可恶的男生怎么会是我的同学呢？我真是倒霉透了！

镜子：小刘，你先别激动，我让你看张图片。（出示花瓶、少女图）

小刘：什么呀，黑黑白白的？哦，是一个白色的花瓶。

镜子：你再仔细看一下，还看到了什么？

小刘：（观察了一会儿，惊喜地说）我还看到了两张相对的黑色的脸。可是这能说明什么问题呢？

镜子：同一张图片，着眼点不同，给你的感受也会不一样。那么对待一件事情也是同样的道理。

小刘：你的意思是说对待同一件事，不同的角度会产生不同的想法？

镜子：聪明！就说你刚才说的那件事吧，你的心情之所以这么糟糕，是因为你站在自己的角度看待事情，如果你换个角度，或者站在对方的角度考虑的话，你就不会那么烦了。

小刘：（若有所思）是啊，在玩得尽兴的时候，如果被人打扰，多不舒服啊。那些男生虽然很调皮，但如果不是平时我对他们态度恶劣的话，他们也不会这样对我的。原来决定每个人的心情的不是事情本身，而是自己对这件事的想法。哈哈，我明白了！（手舞足蹈）谢谢你，镜子。

（镜子已悄然无声，任小刘怎么喊都毫无回应）

三、空椅子技术

（一）什么是空椅子技术

空椅子技术由莫雷诺发明，后来被格式塔疗法的创立人弗雷德里克·皮尔斯（Friedrich Salomon Perls）借用改进，成为格式塔疗法的核心技术。此技术是这样应用的：两张椅子面对面摆放，要求来访者坐在其中一张椅子上扮演内心冲突情境的一方，然后再换坐到另一张椅子上扮演内心冲突情境的另外一方，让这两方持续进行对话，以逐步达到自我的整合或者自我与环境的整合。

（二）空椅子技术的作用

空椅子技术实际上是一种角色扮演技术，这种方法可以使内射表面化，使来访者充分地体验冲突，协助来访者接触潜藏在其内心深处的情感以及被他们否定的一面，由此使来访者情绪情感外显化，并帮助来访者了解此种情感是他们真正自我的一部分。在空椅子技术中，通过让自我内心两个对立分裂的部分进行对话，来访者内心的对立与冲突可以获得较高层次的整合。

（三）空椅子技术的教学应用

例如，某个学生害怕与异性说话，难以正常交往，教师可以让他先坐在一张椅子上，假设另一张椅子上坐着异性同学，让该学生表演曾经发生的或可能发生的对话，他说完之后，坐到对面的椅子上，以对方的立场说话，如此重复多次，往往可以让学生了解对方，达到克服害羞、改善交往的效果。

在空椅子技术中，来访者通过自我内心两个对立分裂部分进行对话，使其内心对立与冲突获得较高层次的整合。例如心理剧《让心儿飞翔》就运用了空椅子技术，在此节录片段：

小明独白：爸爸妈妈天天争吵，他们要离婚了。我该怎么办？

空椅子：他们都不要你了，你再也不会有家了。同学知道你爸爸妈妈离婚这件事后，他们会用异样的眼光看你，会在背后议论你，你再也不可能和他们一起开心地玩了。

小明独白：（哭喊着）爸爸妈妈你们千万不要离婚呀，你们离婚了，我一个人怎么办？同学、老师都会看不起我的。

空椅子：不要听，我不要听，不要听……

空椅子技术可以分为三种形式：

（1）倾诉宣泄。一张空椅子代表主角想要对话的人，主角把自己平时想要说但没有机会说的心里话对着空椅子表达出来，宣泄自己的感情。导演可以站在主角的旁边，必要时给予主角力量和支持。例如，一名学生平时对父母有很多想法和意见，但是从来没有机会向他们表达，通过空椅子技术，该学生可以充分宣泄自己的不满情绪。

（2）与自我对话。即自我存在冲突的两个部分开展对话。假如主角内心有很大冲突，但不知道怎样解决，就让主角分别坐在两张椅子上，扮演自己不同的两个对立面，使自己的内心得到整合。例如，陈志（化名）是一名高三学生，面对选择填报物理志愿还是数学志愿时，内心非常纠结，不知道该如何选择，此时可以先让陈志坐在一张椅子上，扮演想要选择物理的他，再让陈志坐在另一张椅子上，扮演想要选择数学的他，这样依次进行对话，使他自己内心的想法得到完整的呈现。

（3）与"他人"对话。在主角面前摆放两张空椅子，坐到一张椅子上时就扮演自己，坐到另外一张椅子上时就扮演他人，双方展开对话，把平时由于各种原因不能讲出来的话在这种情景下说出来，然后思考对方会如何回应自己，从而使得主角理解自己和他人。

四、独白技术

（一）什么是独白技术

独白技术是指主角直接面对观众说话，表达一些观众不能察觉的感受和思想，凸显主角内心的想法和挣扎。导演可以暂停演出，让各角色表达当时的感受，这有助于主角表达并澄清未觉察的想法，更明显地体验情感（Greenberg，1986）。

（二）独白技术的作用

通过独白技术，观众可以了解各角色的内心世界和想法。独白技术一方面可以帮助角色澄清想法和体验情感，另一方面还可以增进各角色之间的了解和沟通。独白可以引起观众与表演者之间的"共鸣"，使观众产生同理心，从而换位思考、感同身受，进一步改善认知，提升自我调节、自我控制的能力。

（三）独白技术的教学应用

独白可以是角色和自己谈话，也可以是自言自语，还可以是对物品进行倾诉。通常的做法是，主角在一些情境中以口语描述其内在意识流动的过程，可能包含有：给自己的建议、忠告或鼓励，回忆往事或令人愤恨的事，或是自责等内容。例如，在与陌生同学沟通失败后，主角的独白："我这样自我封闭是不可取的，我应该调整好心态。但为什么我越是这样想就越是紧张？每一次和陌生同学交谈都抑制不了那份发自内心的悸动与紧张，不知该用怎样的语音语调、面部表情去亲近他们。不知该如何表达我内心的呼喊，如何向他们诉说我的惆怅与悲伤，我心中仿佛有两种思绪在激烈争斗。说，还是不说，这是一个问题。我很苦恼，也很无助。"

五、替身技术

（一）什么是替身技术

替身技术是指辅角站在主角身后与主角同台演出，甚至代替主角说话，该辅角就是替身。替身可以模仿主角内心的想法和感受，并时常表达出内心的潜意识，帮助主角觉察内心活动过程，引导主角内在感受和体验的表达。

（二）替身技术的作用

替身技术能够带给主角震撼的效果，引起主角的反思。典型的替身角色是提供给主角一个辅助的自我，是一面反映主角内在感受的"镜子"（武婷婷等，2018）。替身技术的目的是协助主角把没有体会到的感受表达出来，以扩大主角的觉察范围。催化主角的心理经验，表露主角的深层情绪是心理剧的主要目的，替身是带出主角情绪最有效的技巧。替身是主角的代言人，可以替主角处理事务和此时此地的问题。根据需要，可以有多重替身一起演出，展现主角的多面性或者生活中的各种角色（邓旭阳等，2009）。

（三）替身技术的教学应用

校园心理剧中，替身技术可以很好地呈现主角内心的声音、反映主角的心路历程，从而引导学生从行为背后的认知与情感等心理层面去探索问题。在校园心理剧中，通常可见的情形是在问题转化与解决阶段出现双重替身的应用，一个代表主角的正面认知，一个代表主角的负面认知，有的剧中称为魔鬼与天使，有的剧中称为小黑与小白。随着主角心理问题的呈现、发展，主角处于越来越矛盾的状态之中，其内在充斥着正确与错误、正面与负面等多种认知，它们相互斗争，此消彼长。两个替身表达出主角内在相互对立的观点，以正确战胜错误，促使主角发生转化，推进剧情走向解决问题阶段（李玉荣，2019）。例如，心理剧《天使就在你身边》中的白衣天使和黑衣女巫就是代表主角心中爱与恨的两个替身，在此节录片段：

（思雨来到了公园里，她累了，慢慢地倒在长石凳上）

思雨独白：爸爸，我恨你。妈妈才离开我们一年，你又娶了别的女人，你背叛了妈妈，你也不爱我了……

（思雨睡在长石凳上进入了梦境，这时出现了一个白衣天使和一个黑衣女巫）

白衣天使：这是个令人同情、令人担忧、令人心痛的女孩，但愿她不要生活在仇恨中，我要让她的生活永远充满阳光和快乐……

黑衣女巫：哈哈，你别白费力气了，我的黑暗城堡正好缺个帮手，让我来带走她……

白衣天使：不行，你不能带走她，我们要让她自己抉择。黑衣女巫，你敢不敢？

黑衣女巫：我有什么不敢的？我是黑衣女巫，她最后一定会跟我走的。（摇了摇手中的巫棒）我先来。

六、未来投射技术

（一）什么是未来投射技术

未来投射技术是用于帮助来访者表达、解释自己对未来的看法、期望和感受的一种技术。莫雷诺（1975）认为当来访者（主角）用行动来描绘自己的未来时，他的未来就将被塑造成那个样子。主角或参与者不只是讨论希望、愿望，以及对未来的恐惧或生活目标等看法，还把这些预期事件放到现实中，并通过演出表达出来。

（二）未来投射技术的作用

预演希望发生的事情，可以使人对生活产生憧憬和希望，使人生有了努力的方向；预演不希望发生的事情，可以"耗竭"它的能量，使它不容易发生，还可以使人知道怎样防止它发生。通过对未来事件的构建、期望，并带回现实，思考问题情景，人们可以增进对期望的事件结果的了解，有效采取措施，实现期望中的未来。通过未来投射技术，主角可以接近一个更实际的观点（Blatner，1996）。

（三）未来投射技术的教学应用

未来投射技术具体应用过程如下：①确定要演出的场景，导演要和主角讨论并确定演出的场景，比如最想要的结果或最害怕发生的事情是什么，或者仅仅是探索即将出现的情境。②在未来投射技术中，学生可以演出他们未来五年的生活情境（Yablonsky，1954）。③仔细地铺陈出未来的某个特定场景，根据主角的情境叙述，要求主角尽可能真实地布置好该场景，场景真实性越高，越有利于激发主角的自发性和创造性。④呈现，通过角色扮演、角色互换、角色训练的方式加以体现。

例如，某校一名高三学生王婷（化名）非常担心即将到来的期末考试，害怕考砸了会受到父母和老师的批评，会使自己丧失高考备考的信心。而心理剧将考试之后可能发生的情况全部演绎出来，让学生对各种结果有所准备，并想方设法去避免消极的结果，集中精力做好最后的复习。

又如，在心理剧《我的左手旁边就是你的右手》中，结尾就采用了未来投射技术，在此节录片段（此片段选自陈秀娟的《校园心理剧教学研究》一书）：

老师：这是一个青春的故事。

张奇：青涩但美好！

赵然：平凡而温暖！

苏萍：也许每个人的青春都是这样。

许怒：自卑！

同学甲：狂妄！

同学乙：阳光或黑暗！

全体人员（合）：但青春掌握在我们自己手中，只能自己左右。

七、旁白技术

（一）什么是旁白技术

旁白技术是校园心理剧中的一个重要技术。旁白是画外音，旁白者不直接出现在舞台上，但会对故事情节和人物心理等相关因素进行简要叙述、抒情或议论。

（二）旁白技术的作用

旁白技术能让演员迅速进入角色，观众也能快速地抓住剧情，了解舞台上表演的内容，具有承上启下、烘托气氛、塑造人物角色的作用。

（三）旁白技术的教学应用

指导者在使用该技术时可根据场景灵活变换，如用于介绍剧目发生背景、场景之间的过渡转换以及展现角色内心体验等。特别需要注意的是，在展现角色内心体验时一般用第一人称或第三人称叙述（武婷婷等，2018）。例如，在心理剧《竞争》中，第一幕的结束使用了旁白技术，起到解释剧情、承上启下的作用。

> 母亲见小华一教就会，满意地笑了。但事实上，小华的母亲并没有教女儿所谓做人的道理，只是把小华送到教室便走了（黄辛隐、戴克明、陶新华，2003）。

在实践中发现，在表演过程中存在旁白漏用、滥用的情况，导致剧情混乱，节奏不明朗。这就需要指导者加强技术学习与训练，同时在排练过程中邀请有关专家进行点评和指导。

八、魔幻商店技术

（一）什么是魔幻商店技术

魔幻商店技术是一种用于暖身、澄清目标和审视个人品质或价值观选择的有效方法。导演可以通过描述让团体成员想象舞台上有一个魔幻商店。在这个商店中，可以买到任何美好的东西，比如真诚、善良、美丽、爱、关心、成功等。任何人都可以想象自己在某个年龄进店里买自己想要的东西，但有一个规则，当你得到你想要的东西的同时，你必须拿一件你不想要的东西来换。

（二）魔幻商店技术的作用

通过魔幻商店技术，指导者可以了解来访者的主要困惑、改变的动机，对其进行角色训练。扮演买主的来访者也可借此澄清自己想要什么，已有什么，它们有什么优缺点，等等。

（三）魔幻商店技术的教学应用

（1）魔幻商店的塑造和介绍。指导者以一个说故事者的口吻给出指导语，以编织一个咒语和创造一个戏剧的、神奇的、大胆的气氛，奠定一种隐喻以鼓励投射。这是一个必要的过程，充满了想象和诗情画意（邓旭阳等，2009）。

（2）当主角说出了自己的想法时，店主就要开始和主角讨论他想要的到底是什么，如你想得到的爱是谁给予你的？什么样的条件你可以接受？

（3）店主与主角进行价格协商。如店主会问："你为什么不想要你的失败？

是全部的失败，还是某一次的失败呢？当时是怎样的一种情况？你愿意拿出全部的失败来换取成功吗？那你愿意拿出多少的失败来交换多少的成功呢？"

（4）交易达成。店主同意按照主角的要求来交换他所想得到的品质，告诉主角他得到了什么，又失去了什么，然后询问主角现在他觉得可以接受了吗？失去这些东西真的可以吗？这时，主角往往会意识到他出卖的东西对他来说也是非常重要的，而他得到的东西似乎并不是那么重要。

（5）指导者可能会将主角卖出的东西再还给主角，无论交易是否成功，讨论的过程是非常重要和具有意义的，这也代表了一种隐喻，使得主角对自己有一个更加真实的认识。

（6）意义引申讨论。无论买卖结果如何，对结果和过程进行讨论都是有意义的。就像许多人生的选择一样，在讨价还价的阶段都没有结局，其实解答并不重要，隐喻的内容和讨价还价的过程提供了丰富的自我揭露的资料。

第二节　校园心理剧常用的戏剧范式

校园心理剧是特殊的戏剧形式，其可以借用教育戏剧范式开展活动。教育戏剧是一种利用戏剧元素和技巧来实现教育目的的形式，它所传达的内容往往与社会价值、道德规范、人际关系等相关。在校园心理剧中，教育戏剧范式可以通过创造性的剧情、角色和情节，以戏剧化的方式呈现青少年在校园生活中所遭遇的心理难题和成长困惑，从而引发观众的反思。

一、定格

（一）什么是定格

定格就是凝固（freeze），一个带有性格、情绪、感受、反应的动作或画面，是教育戏剧常用的范式。定格是教育戏剧范式中最基础的一个范式，定格画面就是让（一组）参与者用身体创作出一幅静止的、没有声音的画面。它就像摁下了录像机的暂停键，让画面定格，只不过这个定格画面是由参与者控制自己的身体所营造的。

定格画面起源于戏剧中的 Tableaux，指的是戏剧中的舞台造型，由活人扮演的静态画面、场面，也泛指整体场景。起初，定格画面的使用是让参与者用身体创造出戏剧文本中的一些画面，但随着这个范式在教育戏剧中广泛地应用，画面已经不再局限于戏剧文本中，而是参与者用身体表达这个戏剧过程中任何时刻的面貌，它可以是戏剧中的片段、角色，也可以是此时此刻参与者所想象的画面。所以，渐渐地，教育戏剧中定格画面不再叫 Tableaux，而是用更宽泛的词 Still Image 替代。

戏剧定格可以帮助观众更好地理解剧情，加深对人物内心世界的认识，同时也能够增加戏剧的紧张感和吸引力。首先，戏剧定格可以帮助观众更好地理解剧情。通过将戏剧情节定格在某个特定的时刻或场景，观众可以更加清晰地把握剧中人物的行为和动机。例如，在一场激烈的争吵中，戏剧定格可以将人物的表情、姿态和语言定格在关键瞬间，让观众更加深入地了解人物之间的矛盾和冲突。这种定格的效果可以帮助观众更好地理解剧情的发展和人物之间的关系。其次，戏剧定格可以加深观众对人物内心世界的认识。定格某个特定的时刻或场景，可以展现人物内心的思想、情感和冲突。最后，戏剧定格可以增加戏剧的紧张感和吸引力。通过将戏剧情节定格在关键的时刻或场景，可以制造悬念和紧张感，吸引观众的注意力。例如，在一场追逐戏中，可以将人物的动作和表情定格在紧张刺激的瞬间，让观众感受到剧情的紧张和刺激。这种定格的效果可以增加戏剧的吸引力，让观众更加投入剧情，期待下一步的发展。戏剧定格是一种独特的艺术手法，为戏剧创作和表演提供了丰富的表现力与想象空间。

（二）定格的教学应用

（1）暂停。学生在扮演或戏剧游戏期间，由动作到凝固，仿佛电视遥控器的停顿功能，学生按老师指定的角色、情绪或环境特征定格。

（2）渐进并合对象。老师指示学生分组定格并合扮演成一件东西，老师要求学生轮流定格东西的不同部位，一个个加入，直至并合完成。

（3）并合对象。学生按老师指示，互相合作、沟通协调，定格并合。

（4）定格画面。学生按老师指示集体定格并合成一个环境画面，或是并合成一张硬照。

（5）定格连环图。学生集体定格并合成几个有连贯关系的画面，即故事的起、承、转、合或前、中、后段。

（6）身体雕塑/目击证人。学生定格并合成一个有主题内容的雕像，或一个事件、意外现场。

（7）即兴加入目击证人。学生轮流定格加入，并合成一个事件画面。事先不能沟通协调，只能凭想象力先评估预见是什么事情，再加入深化或改变前面的事件。老师也可以在加入时，指挥学生变换之前定格的肢体动作。

（8）定格经常与角色扮演、片段扮演、思路追踪、一句台词、一句心底话等策略性联结。

（9）定格与戏剧游戏——节奏步行、情绪变变变、动物嘉年华等，也经常并合使用，达成变化多端的效果。

例如，在主题为"当友谊疏远时"课例中，教师指导学生通过身体定格"疏远友谊"的姿势，帮助学生更准确体验友谊渐行渐远的场景和情绪感受；在主题为"做勇敢的'大脚丫'"课例中，教师通过"暂停"方法指导学生用定格动作来呈现"大脚丫"跳舞可能存在的困难，帮助学生更直观进入剧情和理解"大脚丫"的心情，推动课堂进展；在主题为"希得宝贝历险记——自我适应与探索"课例中，教师指导学生将"希得宝贝"升入初中面对环境适应、学业压力及人际交往的挑战场景及不同的应对方式通过定格方式呈现，具象的表达直抵学生心灵，引发学生思考。

二、思维追踪

（一）什么是思维追踪

思维追踪是一种在扮演或定格时向角色进行提问的手法。通常在定格画面之后使用思维追踪，老师可以拍拍学生的肩膀，让他们以角色的身份，就当下的心情或环境说出一句对白。

（二）思维追踪的作用

在教育戏剧活动中，每个人既是表演者，又是创作者和观众，没有身份区别。参与者彼此平等、相互尊重。而思维追踪透过有启发性的问题引出角色的观点与立场，从而使参与者更了解角色的心理、动机及思想，借此扩展戏剧发展的路线，使情节、内容更丰富、有趣，从而让整个戏剧活动发展更深入。在活动中可以放慢戏剧节奏，让学生听见不同角色的心声，反思剧中发生的事情，从而提升学生对该主题的学习兴趣、培养其想象力，这能够帮助学生舒缓社会性的紧张，并且在表演与互动的过程中改善学生的人际交往行为，提升学生应对问题的自我效能感。

例如，研究发现戏剧范式思维追踪有助于培养潜在欺凌者的移情能力，实现认知层面的调整与重塑，深入挖掘校园欺凌的本质与每个角色的行为动机，帮助潜在欺凌者在互动观剧的过程中有机会站在其他角色的立场上重新思考校园欺凌问题，从而在感知他人情绪、情感和心理活动的基础上，使校园欺凌在萌芽期得以缓解或消除。有研究表明，在提升儿童对性侵认知能力活动中，应用思维追踪的"体验性"有助于增强儿童对于性侵的具身认知。

（三）思维追踪的教学应用

例如，在主题为"大红帽与小灰狼——我能识别欺凌"课例中，教师运用了思维追踪的范式。本课是基于学生实际生活中遇到的校园欺凌困惑，结合趣味绘本设计识别校园欺凌的活动。教师首先用绘本《大红帽和小灰狼》故事贯穿整节课，然后在课堂的第二环节采用戏剧范式定格画面和思维追踪设计了"心影机"活动。所有学生进入"心影机"这个设定，演绎小灰狼的内心戏。教师向学生说明规则，第一步，当教师按下暂停键（可以是口头说暂停，也可以 PPT 暂停按钮呈现），学生用动作、表情定格小灰狼被欺负时的反应（定格画面）；第二步，当教师走到学生身边轻拍学生肩膀时，学生说出小灰狼内心的感受（思维追踪），以"大红帽对我做了×××，我感觉×××"的句式表达。在这个环节中，有些学生呈现的内容可能是猜想的，而大部分学生分享的是自己平时遇到的或者是听到的校园欺凌行为，教师在听的过程中也可以借机帮助学生进行欺凌行为的辨析，区分矛盾冲突与校园欺凌，同时也方便教师了解校园欺凌的现状。通过思维追踪，学生在"心影机"的使用环节感悟到被欺凌者的身心伤害，认识了欺凌的特点，在戏剧活动中共情被欺凌者的痛苦。

三、良心巷

（一）什么是良心巷

良心巷（conscience alley）主要应用于故事的主人公面临一个困境、问题或决策的生命关键时刻，无法做出决定或者下定决心的场景。

具体步骤：由一名学生或者教师扮演故事的主人公，这个主人公面临着两难的选择并且犹豫不定。其他学生分成两列，面对面站立，中间的距离可以容纳一个人通过，形成一条"巷子"，即"良心巷"。其他学生通常持完全相反的观点，展现主人公在不同选择间的犹豫，也可以用真实的身份或以其他角色来发言。这时主人公站在巷子一头，缓慢从巷子通过，当他走过的时候，两侧的学生分别对他说出内心的想法、感受或做决定的理由、建议，以影响或说服主人公做出决定。当主人公完全通过，走到巷子另一头时，需要根据更有说服力的建议做出选择，活动结束。

（二）良心巷的作用

1. 建立同理心

以不同角色的立场进行思考和表达，达到感同身受，能够更好地了解人物内心纠结的情绪情感和复杂的心理活动，提高学生的同理心和共情能力。

2. 思维形象化

通过良心巷的形态把两难选择的思维过程变成图像性的、具体化的活动，有助于学生形成更直接的感受和更深的记忆。

3. 推动问题解决

以良心巷的方式引导学生帮助人物讨论问题，促使人物做出决定，推进人物故事情节的发展，推动学生解决问题。

4. 促成集体表达

学生集体为人物构想了心理活动和内心抉择的心路历程，每个人都为人物创作了潜台词和内心独白，极大地丰富了人物的内心世界，提高了学生的创作能力和表达能力。

（三）良心巷的教学应用

（1）角色困境：作为旁观者，该不该帮助被欺凌者？

（2）运用方法：请一名学生扮演"旁观者"站在中间，其他学生面对面分成两列，形成"良心巷"：一列说"帮助被欺凌者"的理由，另外一列说"不帮助被欺凌者"的理由。最终该名学生决定帮忙还是不帮忙被欺凌者，并说出具体理由。

四、专家外衣

（一）什么是专家外衣

专家外衣（mantle of the expert）是教育戏剧中的一种教学范式，由英国教育戏剧家多萝西·希斯考特（Dorothy Heathcote）创造。以专业人物的身份进行角色扮演活动，透过专业人士的服装，引导学生进入角色，运用角色应有的专业方向、知识、技能来发掘问题、解决困难。专家外衣也是教师入戏的强有力手段，通过医生、考古学家、科学家、警官等专家的身份进行更有效果的询问及探索行动，特别适合在混龄团体中进行。

（二）专家外衣的作用

专家外衣赋予学生社会身份，在教师前期的铺垫下，通过得到的信息，利用自己的职业身份合作解决教师所架构的挑战和问题。借助这些想象的专家身份，学生可以在特定的戏剧情境中获得真实的体验。穿上他人的"外衣"，学生可以从不同角度思考，还可以有机会运用他们对某种社会身份的认识和理解。

（三）专家外衣的教学应用

在中小学心理健康教育中，专家外衣可以运用在青春期情感、挫折应对、人际交往、生涯规划等主题中。比如：在讨论校园暴力的教育戏剧工作坊里，探讨一个孩子失踪的背后原因。学生被赋予了校园保安、心理咨询老师、学校清洁工、班主任、校长等多种身份，以这些身份进行会议讨论，相互激发探究孩子失踪背后的故事。比如：应对感情挫折，可以通过情境设定请各位学生化身为心理专家，思考、剖析为什么主人公会有这些感觉、想法、行为。带学生进入戏剧情境，感受、体会情感挫败带来的难过、崩溃、绝望等，认识到情感挫折带来的挫败和困境都是属于正常反应，通过专家外衣剖析情感挫败带来痛苦的原因，达到认知目标。

在主题为"做勇敢的'大脚丫'"的小学心理健康教育课中，教师以绘本为载体，并运用专家外衣戏剧范式开展活动。《大脚丫跳芭蕾》讲述了贝琳达因为有一双异常的大脚而被排斥在舞蹈舞台之外，但是她勇敢坚强、坚持不懈，等到机会到来的时候终于如愿以偿被观众热烈欢迎，教学片段如下：

1．暖身活动

线索材料：教师出示绘本封面，介绍绘本故事信息。

2．教师入戏

（1）教师通过一些服装道具入戏贝琳达。

（2）贝琳达提出自己"有一双大脚"的困惑，并表达自己的感受。

3．主题活动

（1）专家外衣。教师将学生分成若干组，分别请每组学生以"舞蹈老师、市长、妈妈、知名演员、培训机构老板"等不同角色为贝琳达出主意，并探讨下一步该如何做。每组学生扮演不同的专家，并以专家的身份寻找不同的线索和解决问题的办法。然后教师请每组选出一名代表分享找到的解决办法。代表分享完成之后，可以请组内其他专家进行补充。

（2）魔法照片。每组学生根据自己组内想出的办法完成新的故事创编。教师请每组学生根据刚刚创编的故事，做成几张定格照片，并进行展示。展示完成之后，教师询问每名学生扮演的角色是什么，并询问如果这张照片能够动起来，那么每个角色会怎样行动。

（3）故事呈现。教师请每组学生分别展示自己组内形成的连贯故事。展示完成之后，叙述本组扮演的专家是如何帮助贝琳达的。

4．舒松活动

（1）教师总结。教师请学生回顾每组专家想出的办法分别是什么，教师总结每组专家想出的办法。

（2）肺腑之言。教师入戏贝琳达，然后以贝琳达的身份感谢大家的帮忙，然后贝琳达出戏为教师，询问学生贝琳达都说了什么，并结束活动。

五、坐针毡

（一）什么是坐针毡

设计一个特定位置使学生进入指定的角色身份，或使教师进入一个特定的角色，通过身份的确立与其他学生进行对话，坐针毡者必须探索所扮演角色的动机、思维原则及想法，并通过投入所扮演角色的主观态度及立场去表达和阐述观点，从而产生主观投入，实际上"离岸"的客观及理性效果。由于扮演者坐在位置上仿佛被审问，有如坐针毡的感觉，故名。

（二）坐针毡的模式

坐针毡的模式有以下四种：

（1）教师入戏坐针毡。对于有难度的坐针毡，教师通过入戏扮演角色来坐针毡，使学生了解角色感受并学会发问技巧。

（2）翻译坐针毡。教师入戏扮演"翻译"，设计一张空椅给角色，使学生幻想有角色存在，也可以使用图片及角色的关键配件（如衣饰与道具）。教师整理学生的提问，并向角色（根本不存在的假装角色）传递问题，由教师代角色回答。翻译坐针毡使学生懂角色、会发问之余，且因为教师没入戏离开教师的身份，与学生依旧保持安全及默契，使低年段学生不会有面对陌生人的忧虑。

（3）小组坐针毡。作为小学生，或自行进行坐针毡的新手，可以先分组进行小组坐针毡。无论是被询问的角色或发问的学生，都要以小组方式提出问题及构思答案。小组要先提出问题，由教师协助整理问题后，再交由角色小组进行回答，这主要是锻炼学生的发问能力及进入角色进行回答的能力。当然也可以只有发问一方是小组或回答一方是小组。

（4）小圈子坐针毡。把学生分组，以抽签方式指定组内一人扮演角色，同组其他人进行发问，最后总结出角色的情况向全班同学报告。这也是坐针毡的初步范式练习。

（三）坐针毡的教学应用

2023 年第 14 期《中小学心理健康教育》发表了一篇题为《"青春流言"粉碎机——将教育戏剧范式融入初中心理辅导课》的文章，专门介绍了坐针毡的范式应用。课例的具体内容如下：

甄美的妈妈和郝帅的妈妈是闺蜜，两家住得很近，因此甄美和郝帅从小就相识。进入中学后两人分在同一班级。某天，郝帅和同学在操场打篮球，甄美和好朋友坐在场外观看。不一会儿，甄美就听到小 A 说，"你看甄美眼睛都离不开郝帅，还不承认和郝帅谈恋爱！"小 B 附和道："是啊！我经常看见放学时他们一起走。"小 C 听到后说："我看他俩平时就是借着班干部工作腻歪在一起的！"第二天，关于甄美和郝帅的流言满天飞……现在甄美和郝帅不敢说话，更不敢一起回家，可是他们因为班干部工作又不得不相互接触。

规则与要求：

（1）一名学生充当坐针毡者，扮演流言传播者角色，其他学生可以作为受害者、参与者、目击者、旁观者等角色，对传播者进行提问。

（2）提问的目的是更好地剖析人物角色，挖掘人物角色的行为动机、立场及更深层次的内心感受和想法。

（3）提问只针对角色，不针对扮演者，不得带有任何恶意去提问。

（4）坐针毡者需要在扮演的角色身份下回答问题并发表看法。

为了方便学生理解活动规则和过程，在体验活动开始前呈现示例 PPT，由教师作示范，活动过程如下：

（1）体验前准备：4 人一组讨论，将需要提问的问题写在学案纸上，时间为3 分钟。

（2）体验活动：学生提问，坐针毡者回答。教师将提问和回答要点板书在黑板上，引导未提问的学生仔细体会人物角色被提问时的内心感受。体验活动开始时，教师引导坐针毡者做"入戏"准备，也提醒其他学生在提问过程中只对事不对人，营造安全、轻松的课堂氛围。

师：现在我们的体验开始了，请问你是谁？

生：我是流言传播者。

课堂实录（部分）（Q：问题；A：回答）：

Q1：请问你是嫉妒甄美和郝帅吗？

A：我就是觉得好玩，大家都好奇嘛。

Q2：请问是你的好奇心驱使你去说流言，还是甄美、郝帅的行为让你觉得这些流言是真的呢？

A：我就是好奇，然后还看到了他们走得那么亲近。

Q3：你以前也深受流言伤害吗？

A：（倔强）没有，我就是好奇他们的事。

Q4：假如那些话被证明是流言，你会做什么？

A：就当成玩笑嘛，这多好玩！

Q5：你一直在说别人的流言，你考虑过后果吗？

A：没事，我知道我的行为是不对的，但伤害性不大，我现在觉得很好玩。

Q6：那关于其他人的流言你会传吗？

A：会，只要不是我的，我都会传。

Q7：你认为传流言是一件好玩的事情，那你传流言的目的和意义是什么呢？

A：我怎么知道是流言呢？而且，我的生活无趣，需要一些乐子。

Q8：你有没有想过要去了解真相？

A：没有，我就图一乐！

Q9：你想过你传流言会给别人造成伤害吗？

A：没有，我觉得这与我无关，谁让他们那么亲密，都是他们自己造成的。

Q10：假如你已经对别人造成了伤害，你有什么感受呢？

A：（倔强）我觉得无所谓。

Q11：那你能负得起责任吗？

A：（脸通红，不知所措）这……

体验活动结束时，坐针毡者去角色化，教师表扬坐针毡者和学生的互动表现，营造良好的氛围。

师：现在我们的体验活动结束了，那么请问你是谁？

生：我是×××。

六、旁白默剧

（一）什么是旁白默剧

默剧是指演员不可以说话，没有语言交流，仅仅通过肢体语言来表现人物喜怒哀乐的戏剧方式。默剧可以发出笑声、哭声等，演员的表演强调默契，动作、表情比较夸张，情节一般不复杂，给观众留有想象空间。默剧不用对话对白并不代表不用一切声音，旁白默剧这种新形式，指的是旁白＋默剧的表现手法，即在默剧表演时辅以旁白，演员则只用肢体语言表演。旁白（旁述）角色的加入，更加有利于观众的理解。旁白默剧将场外旁白、背景音乐、人物呼喊等非对白声音引入默剧，让默剧更具有表现力和生命力。

（二）旁白默剧的作用

旁白默剧是戏剧表演在课堂运用中逐渐发展起来的一种表演形式，相比于默剧具有更好的实践效果。默剧强调通过非语言、肢体动作的即兴创作，丰富表演内涵，演员的每个姿势都会给观众带来不同的含义与内心波动。默剧放弃语言表达与声音的表现，"抹除"了语言的"干扰"，专注于动作，更加强调动作语言的重要性，能吸引观众的注意力，给观众以丰富的剧情想象空间。

然而，观众无法通过语言对白去接近、理解演员的内心世界与意识表达，只能通过观察演员的肢体动作来获取信息。这给观众理解剧情带来了一定困难，特别是中小学生察言观色的能力较差，对于默剧的理解更是存在一定的困难。而旁白为演员的表演提供了文本暗示和线索，演员可以根据旁白进行表演，但只需要专注于做肢体语言和夸张的动作，不需要同时进行语言表达，降低了表演的难度，这让默剧表演变得更加容易，更加适合没有经过专业表演训练的中学生。同时，旁白也为观众理解默剧提供了语言线索，有利于学生更好地理解剧情和提升表演效果。

（三）旁白默剧的教学应用

例如，在主题为"学习风格我最棒"课例中进行默剧表演，如果直接让学生上台表演不同的学习风格，没有场外旁白提示，学生很难完成，而采用旁白默剧的形式，由三位学生根据旁白线索进行默剧表演，在实践中获得了比较好的效果。以下是旁白剧本：

开学后的一天，三兄弟不知道为什么在争辩着。他们面对面，抱着胳膊，谁也不服谁，都说："我的学习方式最好。"大宝抬起他的头："我的学习方式最好，我一看就懂，我最喜欢看图看视频，只看一次就过目不忘。你看看我的书，重点都用彩色笔圈住，醒目容易记，我最棒！"二宝不服气，叉着腰："我不服，凭什么说你的学习方式最好？我觉得我一听就懂，举手发言我最多，小组讨论我最行，都不需要搞什么看图，多麻烦。我最棒！"小宝听了他们的话，跳了起来，手挥舞着："你们俩谁都别争，动手操作我是王道，科学操作谁最行？体育学操谁最快？是我，是我，还是我！"三人都抱着胳膊，背对着对方，你挤挤我，我挤挤你，几乎要打起来。

从上述例子可以看出，场外旁白元素的加入，让这个默剧更容易被学生表演，学生不需要冥思苦想台词，只需要专注于动作表演。笔者认为旁白默剧比默剧和心理剧更适合中小学生表演，默剧动作表演元素的加入比讲故事更加生动，旁白元素的引入更有利于学生表演和理解，旁白和默剧互为补充，更容易运用于教学实践，也具有更好的教育效果。

七、墙上角色

（一）什么是墙上角色

墙上角色是指在墙上（黑板、白纸等）以图画或图像的形式描绘一个关键性角色的轮廓，戏剧发展时，可以参考这个墙上角色的背景资料，根据需要为它增添内容，对角色特征进行描述，比如外貌、内在特质等。

（二）墙上角色的作用

墙上角色是教育戏剧中一个相对静态和突出表达的范式，在课堂活动中，让学生在画有角色轮廓的纸上或黑板上，用图画或者文字的方式将角色具象化。这种范式有利于学生进一步走近角色，对该角色有更全面的了解，并逐步探索角色的情感、关系和感受等。在墙上角色具象化的过程中可以降低学生的心理防御，投射出学生内心的世界。

（三）墙上角色的教学应用

初中学生正处于青春期，这一时期学生自我意识迅速发展，渴望确认自己的能力与价值，同时他们情绪多变，表现了半成熟、半幼稚的两面性，外部环境的微小变化即可引发他们情绪的急剧反应。霍林沃斯（L. S. Hollingworth，1928）称青春期为"心理断乳期"，个体期望脱离父母的保护和对父母的依恋，成长为独立的社会成员。与此同时，家长则早已习惯了孩子在小学阶段的言听计从，自觉或不自觉地继续用保护、约束和管理的方式教育孩子。学生渴望独立、自由、拥有大展身手的自由空间及得到他人的认可，这是典型的青春期心理。而家长则担忧外部环境危险、孩子能力不足，这是家长典型的"为你好"心理。因为学生缺少对自己与家长需求的觉察，或是陷于往常无效的行为模式中，导致学生经常与家长出现矛盾。"当'青春'遇上'为你好'"这节课基于此学情，运用多种教育戏剧手法让学生体验亲子冲突中家长与孩子双方的外显状态和内在需求，体会家长的感受与需求，参考其他应对方式，拓宽自己的视野，给自己更多的选择，从宏观上达到自我觉察和自助发展的效果，并探讨如何处理冲突、化解危机。

本课的热身阶段使用了墙上角色（见图5-1）。具体做法如下：

（1）将初中生"青春"和家长"为你好"的故事贯穿整节课。教师首先在课堂开始引入四个重要人物，"青春"男和"青春"女、"为你好"父和"为你好"母，并在黑板上呈现4个简单的人物轮廓。

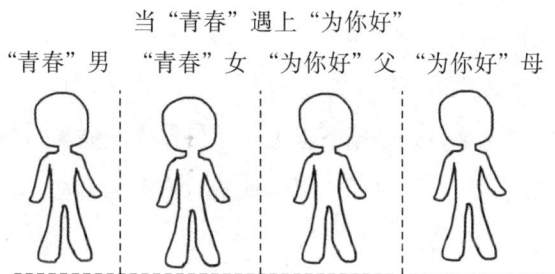

图5-1 墙上角色

（2）邀请学生变身"灵魂画手"，用画图或写字的方法，分别对初中生"青春"、家长"为你好"进行创作。添加人物的表情、衣着打扮、口头禅、常用物品等，使人物更加名副其实。

通过墙上角色，教师鼓励学生动起来，在课堂上形成一种活跃、开放的氛围。通过绘画、写字等方式让学生投射对这两个角色的已有印象，让人物活化出来，扩充学生的接触感，唤醒学生的情感体验。戏剧体验活动营造了安全的体验空间，降低学生的心理防御，绘画完成后，让学生表达自己相关的生活感受，使学生对这两个角色有更具体的感知，便于接下来投入角色中。

八、隔墙有耳

（一）什么是隔墙有耳

隔墙有耳指将全班学生分成若干小组，分别扮演主要人物身边的角色，身处不同戏剧地点，分别或同时就剧情展开对话。当各戏境都准备就绪后，扮演主角的学生（或教师）入戏走进不同情境，偷听不同人之间的对话，以获取更多资料。

（二）隔墙有耳的教学应用

在主题为"清官难断'家务事'"课例中，当妈妈不在家时，从不做家务的爸爸和三个孩子手足无措，家里逐渐变得杂乱不堪。从没做过家务的小朱很纠结：中学生应该做家务吗？学生以 6 人小组为单位，组内分为 AB 角色：一半的组员扮演亲戚角色，另外一半的组员扮演朋友角色。亲戚 A 组：中学生应该做家务，家务应该由家庭成员共同分担，这有助于家庭的幸福美满。亲戚 B 组：中学生不应该做家务，因为他们的主要任务是学习，干家务可能会耽误学业、影响前程。朋友 A 组：中学生应该做家务，因为家务劳动是义务教育阶段的必修课，做家务能够让中学生学会生活技能。朋友 B 组：中学生不应该做家务，因为家务很简单，长大后自然就会了，好多家务也可以让机器人去做。扮演小朱的教师走到各情境中，倾听亲戚和朋友的对话，了解他们对家务的看法。

主题为"学习之路"的课例，呈现了兔斯基一天是如何度过的。兔斯基放学回家后，玩完手机发现时间不早了，没办法，只能熬夜写作业。由于睡得晚，第二天上午兔斯基的精神不太好，晕晕乎乎，时间就这样过去了。下午兔斯基和同组的同学聊聊天，头脑倒是挺清醒的。兔斯基晚上回家写作业时，却因为白天上课状态不佳，好些知识都不会。他心想：要是不上学该多好哇，为什么要学习呢？邀请一位同学扮演兔斯基，以 6 人小组为单位，各小组分别扮演老师、家人和同学，面对兔斯基的困境，他们又会说些什么呢？请扮演兔斯基的同学走到老师、家人和同学身边，听听他们的想法。

在戏剧心理课中，我们往往非常重视角色扮演的环节，却容易忽视前期的准备工作。隔墙有耳范式能为后面的环节提供支撑，当扮演主角的学生（或教师）走进不同情境，了解不同角色的对话，便能获取更多的信息，在角色扮演中主角也就更易入戏，做到随机应变。因此，隔墙有耳范式是必要的，也是必需的。

九、教师入戏

（一）什么是教师入戏

教师入戏是教师通过扮演一个由戏剧情境提供的适当角色，带领学生进入虚拟的世界，从而加快学生在心理上进入"这就是真实"的体验，加深活动探索的成效，同时也能带动学生进入角色。

（二）教师入戏的作用

教师入戏带来了角色身份的变化，也转化了师生间的对话模式，在这个过程中教师通过入戏可引发学生兴趣、为学生提供选择和可能性，同时能够发展故事，为学生制造入戏交流的机会，从而使学生建立不同角度的思考观点。教师可以借助服装、工具等辅助道具来帮助自己入戏，亦可以营造与入戏相呼应的戏剧情境来更好地入戏；此外，教师要事先对自己入戏的角色有一定的认知与了解，这样才能有更好的代入效果。教师的表演要能引发学生的思考，从而使学生可以进入故事的世界里，教师在入戏环节结束后要及时出戏，回到教师身份引导学生上课。

（三）教师入戏的教学应用

教师入戏可借用直接介绍、叙述介绍、指定说明等三种方法。

（1）直接介绍入戏：教师直接向学生说明自己为何人、学生为何人，并进入角色扮演。在"成长型思维训练营"一课中，教师通过直接介绍入戏："今天我们一起来到成长型思维训练营，老师是成长型思维训练营的营长，同学们是来训练营体验的营员。"

（2）叙述介绍入戏：该方式通过教师对某一状况进行说明或呈现某一角色的典型话语、动作特点来入戏。如在主题为"不愿上学的蹦蹦"课例中，教师穿着校服入戏：背着书包，步伐缓慢、无精打采，边走路边踢小石子，时不时逗逗路边小猫，虽然教师并未说明自己的身份，但通过衣着、神情、动作等的呈现，一个不愿上学的孩子形象活灵活现地出现在众人眼前。

（3）指定说明入戏：以某一情况代表某一角色的身份。如在主题为"手机风波"课例中，教师说：当我系上围裙擦桌子时，我就是妈妈的身份；当我摘掉围裙和同学们坐在一起时，我就是孩子"小元"的身份。

第六章

具身认知与校园心理剧

第一节　具身认知与具身学习

叶浩生教授在《身体与学习：具身认知及其对传统教育观的挑战》一文中提出"身体在心智的形成和发展中究竟扮演着怎样的角色？"的问题，有关这一问题的回答将制约教育和教学的方式方法，也将决定我们怎样看待教师的"教"和学生的"学"。

传统认知理论深受身心二元论影响，承袭了身心分离的二元论传统，认为学习是发生在"脖颈以上"的无身学习，视心智为独立于身体感觉运动系统的抽象符号信息加工（叶浩生，2014），学习过程为一种不需要身体参与的、与"脖颈"以下的身体无关的、可以"离身的"精神训练（叶浩生，2015），视身体为心智活动的容器，是一个把心智带到课堂的"载体"。传统认知理论使课堂深陷"离身"的困境，教学模式以离身性、封闭性、预设性维度为主要特征，导致教学活动越来越模式化、静态化、教条化，越来越难以适应创新人才的培养需求。

到 20 世纪 80 年代，第二代认知科学——具身认知理论（theory of embodied cognition）兴起，具身认知以哲学、实验心理学和脑科学研究为基础，重新界定了身体与心智二者的相互关系，对传统二元论提出了挑战。具身认知强调心智的理解依赖于人的身体结构以及身体与环境的相互作用，认为身体在认知过程中发挥着关键作用，认知是通过身体的体验及其活动方式而形成的。认知、思维、记忆、学习、情感和态度等是身体作用于环境的活动塑造出来的，即身心并非对立的，而是一体的，身体与环境的互动造就了心智和认知，身体、环境组成一个动态的统一体。

具身认知理论挑战了以身心二元论为基础的教育与教学观，从本体论、认识论和方法论三个层面对传统教育观形成挑战。具身认知为身体回归教育提供了理论依据，重建了具身性、情境性、体验性和生成性等维度，为教育理论与教育实践提供了全新的研究视角。

一、具身认知

（一）具身认知的起源

具身认知理论起源于两个重要的论述：一个是梅洛·庞蒂（Maurice Merleau Ponty）的知觉现象学，另一个是贝特森（G. Bateson）与瓦雷拉（F. J. Varela）的系统理论和认知理论的生物学观点。

梅洛·庞蒂是法国哲学家，被认为是具身思想的开创者，他在《知觉的现象学》中提出了具身认知的哲学思想，使用了"身体图式"和"身体意向性"两个概念。梅洛·庞蒂强调人与世界的联系是通过直接的感觉和知觉经验来建立的，而不是通过思考和符号处理。梅洛·庞蒂认为身体是我们与世界相连的媒介，个体通过身体的感觉器官与环境进行互动，建立起对世界的认知。身体不仅仅是一个客观存在，它扮演着主体角色，是我们体验和理解世界的基础，即知觉活动的主体不是内在心灵，而是身体。梅洛·庞蒂进一步提出"具身主体性"观点，正式把身体拉进了认知理论。

贝特森和瓦雷拉都对具身认知进行了深入研究，提出认知依赖于具有各种感觉运动能力的身体所获得的经验，并进一步指出认知既不是主观的，也不是客观的，而是由身体和特定的情境相互作用所产生的。贝特森认为，认知是通过与环境的互动而产生的，而不仅仅是大脑内部的活动。他提出了"环境扩展认知"的概念，强调了认知过程与身体外部的物体和环境之间的互动关系。瓦雷拉则从神经科学的角度研究了具身认知，他提出了"嵌入式认知"的概念，认为认知过程不仅仅发生在大脑内部，还涉及整个身体系统的互动。他的研究表明，人类的认知过程不仅受到大脑内部结构的影响，还受到身体动作和感知的影响。综合来说，贝特森和瓦雷拉都强调了身体与认知之间的紧密联系，为我们理解认知过程提供了新的视角。

实用主义哲学家、教育家约翰·杜威（John Dewey）的理论也充分体现出对身体的重视。他从进化和适应的角度看待心智，认为人类心智的形成和发展与适应大自然的活动紧密相关。根据杜威的观点，心智的进化是为了更好地适应环境变化，帮助生物个体存活和繁衍后代。心智的发展包括感知、思维、学习和适应等过程，这些过程使我们能够从环境中获取信息、理解和解决问题，并采取适当的行动。杜威强调了社会因素在心智发展中的重要性。他认为，人类的心智发展是通过社会互动和社会经验的积累来实现的。个体通过与他人的合作、交流和学习，逐渐获得了更丰富的心智能力。总之，杜威强调了心智与环境的相互作用及个体与社会的互动对心智发展的重要性，认为适应过程首先是一种身体活动，"从做中学"则充分体现了他对身体的青睐，这一观点贯彻于教学中，便产生了"知行合一"思想及"从做中学"的教学原则。

（二）具身认知的观点

"具身"一词首次出现在第二代认知科学家拉考夫（G. Lakoff）和约翰森（M. Johnson）的经典著作《肉身哲学：亲身心智及其向西方思想的挑战》一书中。该书提出了心智具身的观点，强调人类思维与身体的紧密联系，人类认知和意识是通过身体与环境的相互作用而产生的，而不仅仅是由大脑内部的思维过程决定的。《肉身哲学：亲身心智及其向西方思想的挑战》一书，挑战了传统西方哲学中将人类思维和意识剥离身体与环境的观点。它强调了身体在经验和认知中的重要作用，并批评了将人类思维与身体和环境相互分离的观点。

瓦雷拉则在《具身心智：认知科学和人类经验》一书中将具身认知归纳为两方面的含义：一方面认知依赖于身体的主体经验，而这种主体经验来源于具有感觉运动能力的身体；另一方面所谓感觉运动能力本身就根植于更加广泛的情境之中，而这种情境不仅包含生理层面，也包含心理层面和社会文化层面。

1966 年，神经学家在恒河猴的大脑皮层中发现了镜像神经元。镜像神经元在猴子观察到同类的身体活动时被激活，这意味着它们能够模仿和复制其他个体的动作，仿佛是在"镜像"它们的行为。进一步的研究表明，镜像神经元的功能并不局限于模仿他人的行为。实验结果显示，当猴子看到其他个体做出相同动作时，这些神经元不仅会被激活，而且会对目的和意图产生理解。这意味着镜像神经元不仅能够使我们模仿他人的动作，还可以帮助我们理解他人的意图和目标。镜像神经元的研究表明，大脑中确实存在一种可以模仿和理解他人动作的机制。镜像神经元的发现颠覆了传统认知理论，即身体不参与信息加工的观点。镜像神经元成为连接认知和身体的通道（马永军，2009），揭示了身体在认知和理解中的重要作用，从而为具身认知和具身学习理论提供了神经生物学基础，以上发现应用于认知和学习领域具有重要意义。在脑科学、实验心理学及神经科学的推动下，认知理论已从离身范式进入具身范式。

我国学者叶浩生从具身的维度提出认知对身体有三个方面的依赖性：第一，身体限制着认知的特征与范围，有机体的身体结构、身体的活动能力限制了认知表征的性质和内容；第二，身体不仅限制着认知加工，而且可以作为认知加工的一个组成部分，在大脑和身体之间分配认知任务，发挥着一种类似于分销商的作用；第三，身体调节着认知，影响着思维、判断、情绪和动机等心智过程。

综上，对于什么是具身认知，目前学界仍然没有一个标准定义，但普遍认为具身认知包括三层含义：①身体的状态直接影响着认知过程；②大脑与身体的特殊感觉运动系统在认知的形成中起着至关重要的作用；③认知既是具身的，又是嵌入的，大脑嵌入身体，身体嵌入环境，它们构成了一个整体的系统。人类认知是大脑—身体—环境三者耦合构成的一个复杂动态的自组织系统。

可见，具身认知是一种哲学思想和认知理论，其强调认知过程是通过身体与环境的交互作用而形成的，认为身体在认知过程中起着关键作用，揭示出认知对身体的依赖和身体体验对认知产生的影响，认知、身体、环境形成动态统一体。

（三）具身认知对传统教育观的挑战

当代教育学、哲学、心理学、神经科学等多门学科已出现概念融合的趋势，具身认知是研究的焦点之一。身心一元论的具身认知，揭示了传统认知的重要缺陷即对个体身体的忽视，具身认知作为新一代的认知观点，创造性地提出了情境性、具身性、生成性等概念，"认知根植于身体行动，经验建构于具身交互"的观点得到越来越多人的认可。具身认知挑战了以身心二元论为基础的教育与教学观，由此引发了教育理念的变革。虽然具身认知理论对教育教学的指导及其在教育领域中的应用尚未引起广泛的关注与重视，但从其发展趋势而言，必将引发教育理念、教学效果、教学方法、学习方式等教与学方面的巨大变革，为教育工作者提供一个全新的视角来审视学习，思考教学、设计教学和检验教学。

二、具身学习

（一）具身学习的含义

"具身学习"（embodied learning）理论首先由国外学者卡罗琳·克拉克（M. Carolyn Clark）在《人迹罕至：成人学习若干新方法探讨》一文中率先提出，

其强调"具身学习不是一种有意识的学习，而是指在日常生活或工作中身体受到刺激后，通过感觉而发生在心理和情感水平上的变化，而这种变化又通过身体作出反应"。在此基础上，塔米·J. 弗莱雷（Tammy J. Freiler）从社会科学的视角深化拓展了具身学习的概念，指出从体验层面来说，具身学习是在身体与环境的适应中，通过身体参与而获得的具体经验来建构知识的过程。也有学者在论述中认为，具身学习倡导身、心与环境相互关联的本质，说明这是一种自然存在的具身方式。梅洛·庞蒂的具身现象学观点倡导学习过程蕴含的身心一体性，并指出此过程通常在身体、心智与环境之间进行互动。再如 D. J. Nguyen 和 J. B. Larson 在《不要忘记身体：探索具身教育的课程可能性》一文中提出具身学习理论直接来源于"具身认知"，其发展脉络是随着认知心理学研究的变化而产生的。总的来说，具身学习是一种认知科学的理论，强调学习不仅仅是将信息输入大脑中，而是通过身体的参与和环境的互动来增强学习效果。具身学习认为，人的思维过程和行为是与身体和环境紧密相关的，个体通过身体经验和情感体验来提高学习质量。

具身学习理论强调通过感知、动作和情感等身体层面的经验来加深对知识的理解与记忆，其核心观点之一是"动手学习"，即通过实践和动作来促进认知发展。例如，通过实际操作、模拟实验、角色扮演等方式，学生亲身参与和体验，从而加深对知识的理解和记忆。

具身学习也强调学习环境对学习的重要性。学习环境的设计和建构能够促进学习者与环境的互动，从而加强学习效果，例如提供具体而丰富的物质和社交环境，引导学生进行探索、合作和解决问题，促进个体学习的深入。

总的来说，具身学习的产生得益于具身认知理论的推动，它延续了具身认知强调身体回归的理念，强调身体与认知之间的密切联系，通过身体经验和环境互动来促进学习的效果。这一理论对于教育教学设计和实践都具有重要的启发意义。从具身认知的视角看待学习，强调通过身体和感知经验与环境进行互动来促进学习。

（二）具身学习的特征

概括起来，具身学习的特征如下：

1. 涉身性

人是通过身体来认识世界的，不能脱离身体的物理属性而存在，这便是学习的涉身性。皮亚杰发现，幼儿在学习过程中并无概念、命题等抽象思维，其认识世界是通过吮吸和抓握等身体动作完成的，因此人的认知是随感觉能力和运动能力的发展而发展起来的，之后才能理解符号，并通过对符号的操作动作而内化为抽象运算能力（杨子舟等，2017）。Niedenthal 发现，擅长面部表情模仿的被试学习成绩会更好；Grant、Thomas 进行了眼动实验，他们发现，通过操纵眼动能促进问题的解决，并能提高抽象和推理的能力（叶浩生，2015）。

所以，与传统教学活动相比，具身教学过程更关注学习者的状态及身体的运用。具身学习认为身体表达和非语言学习是非常重要的，通过身体语言和非语言方式（如姿势、面部表情、音调等）来传达和理解信息，丰富学习内容，并将教学内容与身体感知运动系统体验结合，促进高阶认知发展。

2．体验性

个体的认知由个体的身体体验所左右，即为认知的体验性（李佩，2016），体验影响着学习的内容、方式和结果。安塞尔在非洲艾滋病高发的国家进行过调查，发现对少年儿童进行艾滋病常规知识的教育并不能降低感染风险，而进行预防疾病的情境技能实践却能显著降低感染风险（杨子舟等，2017）。

具身学习强调直接参与、亲身体验，除"听"之外，更鼓励学生通过看、说、触、做等进行感官训练，身体体验影响着学习的内容、方式和结果。具体包括：①主体性体验：具身学习注重学习者的主体性，尊重学习者的兴趣、需求和经验。学习者可以根据自身的特点和目标，在具身学习的过程中自由选择和探索，以期获得更为个性化和富有意义的学习体验。②感知体验：具身学习通过感知体验，借助感官，如视觉、听觉和触觉，亲自接触和感知学习的内容，从而更加深入地理解和掌握知识与技能。③情感体验：具身学习强调学习者的情感参与和体验。学习者在参与具身学习的过程中，可以通过情感的投入和交流，与学习内容建立起更为密切的联系，培养情感与学习的关联性，提高学习的积极性和满意度。④社交体验：具身学习鼓励学习者之间的协作和互动。学习者可以通过与他人的合作和交流，共同探索和解决问题，培养社交能力和合作精神，同时也能从他人的经验和知识中获益，丰富自己的学习体验。通过具身学习的体验性特点，可以实现知行合一的教学目标。

3．情境性

具身学习理论强调认知、身体及环境三者的结合，认知依赖于身体与环境的相互作用，因此身体是"嵌入"环境的，认知也是"嵌入"环境的，认知活动应该发生在一定的情境之中（李佩，2016）。所以，认知应扩展至认知者所处的环境，而环境可以是真实存在的，也可以是借助其他手段而对现实环境的再现，即人造情境。具身学习认为学习是与具体情境紧密相关的，学习效果受到情境和环境的影响，强调以真实的生活情境或实践活动作为学习者学习的平台，学习者通过在真实或模拟的情境中进行体验和实践，提高学习的效果和可迁移性。

4. 生成性

具身学习理论主张人的认知是没有特定的结构和规则的，正如瓦雷拉所说："认知不是一个预先给予的心智对预先给予的世界表征，认知是在'在世存在'施行的多样性作用的历史基础上的世界和心智的生成。"（王婧等，2014）具身学习鼓励学习者积极参与和主动交流，通过与他人和环境的互动来促进学习。学习者可以通过合作、交流和分享经验来获得深入的理解与知识。在设计具身教学活动过程中，不能一味按照预设的方案去执行，而忽略师生互动过程中产生的新想法，要注重教学资源、教学目标以及交互过程的动态生成性。

（三）具身学习的实施价值、原则与策略

1. 具身学习的实施价值

具身学习的实施具有以下价值：

第一，具身学习通过丰富学习方式，以适应学习者成长的时代特征。德国哲学家威廉·狄尔泰（Wilhelm Dilthey）提出了一种关于生命的哲学观，他认为人们可以通过"体验—表达—理解"的方式来揭示人类的意义世界。第二代认知科学将身体重新置于认知实践的核心位置，强调认知是通过身体的体验和活动方式形成的。体验是一种在亲身经历和实践过程中获得的独特感受。这些哲学思想启示我们要不断创造条件，鼓励学习者通过多种感官训练手段来体验、探索、实践、感悟和迁移，以促进真正有意义的学习。

第二，具身学习通过与经验的联系，促成深度学习的实现。具身学习强调学习者要真正掌握知识，必须积极参与真实情境下的活动，并基于已有经验进行设计、筹划、发明、创造，以创新的态度和创造性的策划来审视事物，用不同的方法运用事物，这正是深度学习的体现。

第三，具身学习通过实现本我的回归，达成学习过程的知情行统一。具身学

习强调体验性与参与性，更加鼓励学习者通过观察、表达、触摸、实践等多种途径进行感官训练，去感受并参与其中；鼓励学习者在与环境互动的过程中进行学习，从而培养高层次的思维能力。具身学习也特别强调情境性和生成性，借助真实的生活情境或实践活动作为学习者学习的基础，通过完成有意义的任务来获得体验和领悟，进一步加深对知识的理解，形成情感认同或者触发内在的思想认识升华。

2. 具身学习的实施原则

国内学者叶浩生依据具身认知理论，提出了具身学习应遵循的三个原则，即身心一体原则、心智统一原则、根植性原则。

（1）身心一体原则。身心一体原则是具身学习的重要原则之一。它强调了身体和心智之间的密切联系，认为学习过程应该将身体和心智作为一个整体来考虑。具体而言，身心一体原则要求学习者在学习过程中要充分利用身体感知和动作，将身体作为获取知识和理解概念的工具。根据身心一体原则，学习者应该通过身体的参与来加深对知识的理解和记忆。例如，在学习数学时，学生可以通过手指计算、手势演示等方式来加深对数学概念的理解。在学习语言时，学生可以通过模仿口型、手势表达等方式来提高语言的学习效果。此外，身心一体原则还强调了身体感知对于学习的重要性。学生可以通过身体感知来获取更多的信息和体验。例如，在学习绘画时，学生可以通过触摸画笔、感受颜料的质地和温度等方式来加深对绘画材料的理解。在学习音乐时，学生可以通过身体感知音乐的节奏、旋律和情感等来提高音乐的表达能力。

身心一体原则还强调了情感和情绪在学习中的重要性。学习者的情感状态和情绪会影响他们对学习任务的投入程度和学习成果。具身学习认为情感和情绪是学习的一部分，而不是被忽视的因素。因此，学习者应该关注和管理自己的情感与情绪，以提高学习的效果。身心一体原则为具身学习提供了重要指导。

（2）心智统一原则。心智统一原则是指在学习和思考过程中，将不同的知识、经验和观点整合在一起，形成一个统一的心智框架。心智统一原则的核心思想是将碎片化的知识整合成一个有机的整体，使得学习者能够更好地理解和应用所学的内容。在具身学习中，它能够帮助学习者将身体感知与思维过程相结合，提高学习效果。心智统一原则对学习效果的影响主要体现在帮助学习者全面理解知识、提高思维灵活性和创造性，以及加深记忆和提高应用能力等方面。因此，学习者在学习过程中应该注重运用心智统一原则，以提高学习效果。

（3）根植性原则。根植性原则指的是将学习与个体的身体经验和环境联系起来，使学习更加深入。具身学习根植性原则强调了以下三个方面：第一，感知和动作。通过感知和动作，个体能够更好地理解和掌握知识。第二，情境和环境。学习的情境和环境对于知识的理解与应用至关重要。具身学习强调将学习与实际情境结合起来，使学习更加贴近实际应用。第三，身体经验和情感。个体的身体经验和情感对于学习的效果有重要影响。具身学习鼓励学习者积极参与学习过程，通过身体经验和情感的参与，提高学习的效果。总之，具身学习根植性原则强调将学习与个体的身体经验和环境联系起来，通过感知、动作、情境和情感的参与，提高学习的效果和质量。

3. 具身学习的实施策略

具身认知视域下的学习是身心融合的全新学习方式，具体实施策略如下：

第一，发挥身体的认知功能，注重多感官协同参与。具身认知具有涉身性，具身认知视域下的学习应是一种身心融合的整体性学习，而非只与大脑或心智相关的离身学习。为了实现学生学习方式的转变，我们需要摒弃传统的局限于单一感官通道的"脑学"，充分发挥身体的"认知"功能，重视多感官的协同参与。所以教师组织学习活动时，应该注意选择学习内容、安排学习形式和创设学习环境，注重调动学生多感官的协同参与，让学生通过视觉、听觉和触觉等多种形式进行体验学习，促使学生进行深度学习。

第二，关注身体的知觉体验，建构具身的认知图式。心理学家皮亚杰提出认知发展理论的一个核心概念"认知图式"。他认为发展是个体在与环境不断地相互作用中的一种建构过程，其内部的心理结构是不断变化的，而所谓"图式"正是人们为了应付某一特定情境而产生的认知结构。身体的"认知图式"以已有的知觉经验为基础，在相似的问题和情境中能够利用以往的经验解决问题，具有一定的稳定性，与此同时又能根据情境以及身体知觉经验的变化进行调整，具有开放性。教师应多给学生提供身体参与学习活动的机会，让学生在身体知觉体验中建构自身学习的身体认知图式，从而提高学习的有效性。例如，开展戏剧教学，让学生参与角色扮演或者进行一些简单的身体互动，让学生做一些手势或者特定的表情，看似简单的身体参与，学生会从中获得丰富的体验，进而提高学习效果。

第三，注重身体的环境植根，打造具身化的学习空间。具身认知认为认知活动与环境密切相关。环境对个体的认知和行为产生重要影响，并贯穿于认知活动的全过程。学习环境不仅包括教室的布置、课桌椅的摆放、温度和光线等物理环境，还包括师生关系、生生关系等人际心理环境，以及传统思想观念、舆论导向等社会文化环境。在进行学习活动时，教师应创造具身化的学习空间和情境体验场，让学生在学习过程中感受到存在感和参与感。通过真实的情境和与环境的互动，学生可以获得丰富多样的体验和信息，从多个角度深入理解学习内容。首先，在物理空间的设计上，应以学生为中心，关注学生身心发展的需求，营造一个舒适的学习环境，使学生能够享受学习的过程。其次，在信息空间的设计上，可以利用具身技术激发学生多感官的参与。例如，可以使用人工智能技术、虚拟现实仿真技术和数字多媒体等现代教学技术，以增强学生的具身体验。最后，在心理空间方面，可以加强人际互动，拉近师生和生生之间的心理距离，关注学生的心理健康，营造一种积极向上的学习氛围。总而言之，学生的学习需要身体的参与，而身体又深深扎根于环境之中。因此，为学生打造具身化的学习空间，可以增强学生的具身体验，推动学生实际参与学习。

具身认知理论与新课程改革的精神是契合的。具身认知理论强调学习应该是基于实践和体验的，通过与环境的互动和身体的参与，学生能够更好地理解和应用所学知识，这与新课程改革中注重培养学生的实践能力和创新思维的目标相契合。具身认知理论还强调学习的情境性和社会性，即学习是在特定的情境中进行的，并且与他人的合作和交流密切相关，这与新课程改革中注重培养学生的合作精神和社会责任感的目标相契合。具身认知为教育教学的改革提供了有益的启发，为学习方式的转型提供了新的方向指引。

第二节　校园心理剧与具身认知相契合

校园心理剧是通过师生共同创编演的方式，将学生在实际生活中遇到的典型的心理困惑或者发展性问题演绎出来，从而促使当事人发现其中的主要问题，并能自己解决问题或者在参与者的协助下解决问题的一种心理健康教育方式。

校园心理剧兼有戏剧的特点，借鉴心理剧技术或者戏剧范式开展演出活动，校园心理剧活动过程与具身认知相契合，为在心理课中实现具身学习提供了实践路径。

一、校园心理剧活动过程具有涉身性特征

涉身性是校园心理剧的一个重要特征。校园心理剧通过角色扮演及对人物的肢体语言、面部表情、动作和声音等方面的塑造，使观众能够更直观地感受到剧中人物的情感变化以及内心的挣扎和冲突。例如，当角色感到愤怒时，演员可以通过身体的紧张、面部表情的扭曲以及声音的变化来展示角色内心的愤怒状态；当角色感到伤心时，演员可以通过身体的低落、面部表情的悲伤以及声音的颤抖来展现角色内心的伤心状态。观众通过演员身体上的具象展示，能够更加深刻地理解和共情角色的情感与心理。校园心理剧的涉身性会增加剧情的真实感和表现力。通过演员身体上的动作表现，观众往往能够更加真实地感受到剧中情节的发展和角色的心理变化。这种真实感能够让观众更加投入故事中，与角色产生共鸣和情感联结，进一步提升校园心理剧的感染力和吸引力。

二、校园心理剧活动过程具有情境性特征

在校园心理剧中，情境的选择和创设起着至关重要的作用，承载着整个剧情的发展和情感的表达。合理的情境选择和精心的情境创设，可以增强观众对故事的共鸣和参与感，使观众更好地理解和感受角色的内心世界。校园心理剧的情境应具有真实性和主题的鲜明性。第一，校园心理剧的题材来源于校园中真实且经过挑选的具有典型性和代表性的事例，是绝大多数学生可能经历过或未来有机会经历的，因此，当演员将其搬到舞台时学生则会感觉又回到了当时的情境，让学生产生"身临其境"的感觉。校园心理剧的情境基于学生真实的经历和困惑，能够引起他们的思考和情感共鸣。比如，可以选择考试前的压力、友情和爱情的纠葛、学业和家庭的矛盾等，这些都是学生在成长中经常遇到的问题。第二，校园心理剧的情境应具有鲜明的主题性。通过选择特定的情境，可以更好地突出剧情的主题和角色的心理变化。比如，选择一个偏僻的图书馆作为场景，有助于表

现角色的孤独感和迷茫；在体育场上设置一场比赛，可以展现角色的竞争心理和内心斗争等。此外，情境的创设还应该注意氛围的营造。合适的背景音乐、灯光效果和道具的使用，可以增强情境的真实感和观众的代入感。比如，运用悲伤的音乐和柔和的灯光表现角色内心的伤痛与迷茫；利用闪回的手法和戏剧性的道具展现角色的回忆与冲突等。

总而言之，校园心理剧是一种情境性学习，师生通过角色扮演等重现心理冲突事件，创设一个仿真的问题情境，促使学生在"情境仿似"的情节中沉浸式学习。

三、校园心理剧活动过程具有体验性特征

校园心理剧是通过角色扮演的方式进行体验性学习的活动。在心理剧中，学生通过扮演不同的角色人物，体验和理解不同人物的心理状态和问题，这种体验学习对于学生来说具有重要意义。

首先，校园心理剧能够帮助学生更好地了解和认识自己的内心世界。在角色扮演的过程中，学生需要深入思考并模仿不同的情感和心理状态，更加深入体验自己内心的情绪和心理变化，更好地认识自己的情感和需求，从而提高自我认知和情绪管理能力。其次，校园心理剧可以帮助学生更好地理解他人的感受和困境。在扮演不同角色时，学生不仅需要体验自己的情感，还需要理解和感受其他角色的心理状态。通过这种方式，学生能够培养对他人的同理心和关注度，学会站在他人的角度思考问题，这对于发展学生的人际交往能力具有重要的作用。

此外，校园心理剧还可以帮助学生解决和应对心理问题。通过角色扮演，学生可以在相对安全的环境中体验和探索真实的心理问题，比如社交焦虑、压力管理等。这种体验可以让学生更好地理解和应对这些问题，为学生提供了一个尝试解决问题的实践机会。

总的来说，校园心理剧通过角色扮演的形式提供了一种独特的、体验性的学习方式，为学生的成长和发展提供重要的支持与引导。

四、校园心理剧活动过程具有互动生成性特征

校园心理剧活动的互动生成性特征被认为是其独特之处。首先，校园心理剧活动具有很强的互动性。参与者可以选择扮演不同的角色，根据角色设定和情节要求，表达出角色的情感和心理状态，演员之间通过剧情演绎形成互动。此外，群体参与也是校园心理剧活动的互动性特征之一。在心理剧表演中，不仅仅是演员扮演角色，其他观众也有机会扮演一些次要的角色，或者参与一些角色扮演的情节。这种群体参与的互动，可以增强观众对心理剧情节的理解，让他们身临其境地感受到其中的情感和紧张氛围。

其次，校园心理剧活动具有生成性特征。校园心理剧不是按照预设的剧本进行表演，而是师生探究与建构故事情境，并运用即兴扮演创造意义推动故事进一步发展、探讨某个主题的活动。师生通过多维互动展开身体和语言交流，经过体悟反思后会引发更多的探讨、解析，从而生成新的认知和实践。

另外，学生在参与剧本创作、角色扮演和演绎过程中会产生丰富的创造力与想象力。每个学生都可以根据自己的理解和感知，为剧情添砖加瓦，创造出独特的角色和故事情节。而这种生成性特征能够激发学生的创造性思维和表达能力，培养他们独立思考和解决问题的能力。同时，生成性特征也能够增强学生对自我的认知和自信心，从而提升他们的心理素质和综合能力，进而促进个人的全面发展和成长。

总之，校园心理剧强调身体感知，注重身体经验，注重情境创设和环境营造对学习效果的影响，具有涉身性、情境性、体验性、互动生成性特征，与具身认知相契合。校园心理剧为构建心理课堂具身教学模式提供了实践路径。

第七章

课—剧融合具身教学模式的实践研究

第一节　缘起：课—剧融合的研究背景

经济社会快速发展及成长环境急剧变化使得学生心理问题凸显。2023 年 4 月，教育部等十七部门联合印发了《全面加强和改进新时代学生心理健康工作专项行动计划（2023—2025 年）》，指出促进学生身心健康及全面发展，是党中央关心、人民群众关切、社会关注的重大课题；提出要落实立德树人的根本任务，全面加强和改进新时代学生心理健康工作方式，提升心理健康教育实效，促进学生身心健康发展。中小学心理健康教育的主渠道是课堂教学，构建高质量心理课堂是提高心理健康教育实效的关键。

心理课始于 20 世纪 80 年代，早期心理课深受传统认知心理学价值导向影响。众所周知，传统认知心理学沿袭了身心分离的二元论传统，视心智为独立于身体感觉运动系统的抽象符号信息加工，视学习过程为一种"离身的"精神训练。传统认知理论使得课堂学习环境深陷"离身"困境，导致课堂出现高控低效现象，高控课堂具体表现为"三重三轻"：教师重视主导主题，轻视学生需要；教师重视知识讲授，轻视活动体验；教师重视预设内容，轻视课堂生成。高控课堂导致中小学心理课一直存在以下四个问题：第一，教学形式呆板单一，缺乏互动趣味性，学生参与积极性不高；第二，教学活动"去情境化"，学生缺乏深层体验，感受不深刻，出现"空心化"教学现象；第三，教学过程教师预设过多，课堂缺乏生成性和生命气息，教师课前精心设计活动流程、课上按部就班走流程，心理课成为教师演出的"教案剧"，学生缺乏自主思考、缺乏相互对话、缺乏思维碰撞、缺乏深层次知识生成；第四，教师备课主题选择随意性较大，造成教学内容碎片化、心理课缺乏体系。

但同时，学生对心理课却充满高期待，具体表现为期待心理课形式活泼有趣，互动性强；期待心理课内容能贴近生活实际，解决自身心理困扰，并对自身潜能开发及未来发展有所帮助。高控制低效率课堂现状与学生高期望高需求之间的矛盾越来越凸显，导致学生心态发生系列变化。学生课前对心理课满怀期盼、课上感觉内容远离自身需求、课后觉得心理困扰仍没有得到解决，最后感觉心理课对自身没有帮助，学生对心理课的预期落空，导致对心理课完全失去兴趣，心理课光环和魅力渐失，渐受"冷落"，心理教师职业信心也备受打击，心理课发展遭遇"瓶颈"。

20世纪80年代，第二代认知科学开始兴起，其核心思想即心智的具身性，强调心智的理解依赖于人的身体结构以及身体与环境的相互作用，认为身体在认知过程中发挥着关键作用，认知是通过身体的体验及其活动方式而形成的。认知、思维、记忆、学习、情感和态度等是身体作用于环境的活动塑造出来的，即认知、身体、环境组成一个动态的统一体。具身认知理论对传统的身心二元论教育观提出了挑战，引发了教育界对学生身体参与的重视，从而催生了一种新型的学习方式——具身学习。在具身认知的视角下，具身学习应遵循涉身性、体验性、情境性、生成性的原则，将教学过程转向以学生的身体参与为核心，强调相互对话、交互生成和直面生命的教学形态。具身认知为破解心理课教学困境、反思和重构心理课教学模式提供了新思路。

近十年来，体现具身认知理念并与具身认知相契合的校园心理剧成为一种新型的心理健康教育方式，开始在我国中小学校园出现和传播。校园心理剧建立在心理剧的理论基础上并吸取了心理剧"演出你的故事"的理念，展现了"人生如戏，戏如人生"的特质。校园心理剧是让学生扮演剧本中的当事人或由当事人借助舞台来呈现他们日常学习生活中的典型心理困惑、心理冲突和矛盾，在心理老师和表演者以及观众的帮助下让学生学会如何应对和处理心理问题，从而使全体学生受到教育启发。校园心理剧为学生情绪宣泄、自我认知、自我发现、行为改变提供了一个灵活的机会，激发了学生的自发性和创造性，发展了学生的潜能，最终有助于解决个人问题。黄辛隐在《校园心理剧研究》一书中指出，校园心理剧充盈着积极心理学的色彩，是一种积极型心理健康教育范式。

但这种颇受学生喜欢的校园心理剧目前多运用于心理健康知识宣传教育等课外活动，并没有进入心理健康教育"主渠道"——课堂教学。究其原因，一是校园心理剧作为一种新生事物，其功能和价值还未得到充分认识与发掘；另外一个更重要的原因就是一线心理教师缺少在课堂上灵活应用校园心理剧的实务操作指引。由此可见，要将校园心理剧这一形式引入心理课，心理教师必须重视和进一步挖掘校园心理剧独特的心理教育功能，探讨适用于心理课堂教学的操作模式和策略，只有这样，这种积极心理健康教育范式才能在中小学心理健康教育课堂上运用，从而切实提升心理健康教育课的教学效果。

在上述背景下，2012 年开始，笔者带领一线心理骨干教师基于具身认知和积极心理学视角，尝试将校园心理剧这种积极型心理健康教育范式创造性地应用于心理课堂。校园心理剧与具身认知理念相契合，为在心理课中实施具身教学提供了实践路径。项目组从具身认知和具身学习的价值取向出发，提出"课—剧"融合的教学理念，将校园心理剧作为教学载体应用于心理课堂，并运用戏剧教学法开展心理课主题教学，探讨课—剧融合有效实施模式及策略，促进校园心理剧与心理课教学有机融合，创新心理课教学范式，提高心理课堂实效及课程综合育人水平。

2022 年 4 月，教育部印发了《义务教育课程方案和课程标准（2022 年版）》，将戏剧教育纳入中小学课程体系，鼓励开展学科融合，在学科中渗透戏剧形式，这为已经开展了近十年的课—剧融合项目提供了政策层面依据，说明十年的探索路径是正确的，也为项目未来可持续性发展增添了动力和信心。

第二节　实践：课—剧融合的探索历程

针对传统心理课高控制低效率导致的课程育人效果差的问题，项目组依据具身认知理论和积极心理学理论，提出了课—剧融合教学理念，旨在破解传统心理课堂困境。经过十多年的探索，取得了显著的成效，项目组的实践探索历程分为以下三个阶段。

一、第一阶段（孕育与形成阶段，2012—2014 年），探索校园心理剧教学模式

（一）以课题为依托，锚定初中新生学习适应性作为研究的切入点

本部分是课—剧融合实验研究，通过校园心理剧教学对初中新生学习适应不良进行干预，探讨校园心理剧在课堂应用的教学模式与策略，考察校园心理剧教学实验效果。

项目组设想用实验研究的范式，对比校园心理剧教学和传统团体讲授方式是否存在显著的效果差异，我们设想选择某一心理专题作为切入点进行研究。当我

们深入学校调查走访，与老师、学生座谈时发现，在"中小学衔接"过程中，大多数初中新生（初中一年级的学生）存在"学习适应不良"现象，比如不适应新学习环境、与新同学及老师交往困难、无法适应初中的学习方法、学习无计划性、怕考试、学业成绩下降等，易出现紧张、焦虑、自我效能感低及厌学情绪等一系列心理和行为问题。上述现象在相当程度上制约了学生的学习进步，导致学生出现学业不良现象，甚至使学生失去学习信心乃至厌学辍学。

项目组查阅了学习适应性研究的相关文献，初步了解了学习适应性的国内外研究现状，以及学习适应性的干预方法。所谓适应就是主体对外部变化所做出的一系列自我调节的过程，其最终目的是重新适应新的环境变化。对于学习适应性概念的界定，国内外学者早有论述。国外学者 Baker 和 Siryk（1984）把学习适应性定义为个体对确立学习目标、完成学业拥有的积极态度及为满足这些需要和适应学习环境所做努力的有效性。国内学者则一般认为，学习适应性是指学生善于克服学习困难取得较好学习效果的一种倾向，是一种学习适应能力（周步成，1992）；也可以称为学生在学习过程中根据学习条件的变化，主动做出身心调整，以求达到内外学习环境平衡的有利发展状态的能力（田澜等，2004）。学习适应是青少年社会适应的重要内容，是现代学生应具备的终身发展的关键能力和核心素养，具有促进学生学业进步和维护心理健康的重要功能。

同时，项目组到学校实地调研，与教师和学生开展座谈，了解学生学习适应不良的具体原因和行为表现。初中学生正处于身心发展不平衡、不稳定的特殊时期，国外相关研究表明个体从小学到中学的过渡过程中，由于新环境的变化、人际交往冲突、学科增多、学业竞争压力倍增等心理和社会应激事件，会导致学习适应不良的问题出现，具体表现为感到逐渐增强的学习压力，对学习兴趣随之降低，疲劳倾向增加，开始担心自己的学业成绩。国内学者研究显示，中学生学习适应不良存在较高的检出率，处于适应不良水平的人数比率高于适应良好水平的人数比率，研究还发现初中生适应不良问题较为严重，有研究表明初一学生学习适应不良检出率高达 36.05%（谭荣波，2009）。尤其是目前初中学生智力水平正常但因学习适应不良而导致学业不良的现象大有上升之势，这必将影响初中新生学业成绩及整体素质的健全发展，是中小学教育必须解决的问题。

而初中新生正处于学习适应性发展的关键期，对学习适应不良的情况给予足够的重视并探讨有效干预方法，对学生整个初中阶段学习生活质量及核心素养发展具有重要的意义。

在上述问题背景下，教师和家长都迫切希望通过系列主题课程帮助学生尽快适应初中的学习生活，促进学生学习适应能力的提高。项目组顺应学校、教师、家长的需求，以初中新生学习适应性作为研究切入点，将"初中新生学习适应能力提升"作为项目组研究课题，在对初中新生学习适应性现状调查的基础上，尝试开展校园心理剧干预初中新生学习适应性的实验研究。

（二）运用校园心理剧教学模式对初中新生学习适应性进行干预

1. 论证筹备，调查了解

2011 年，项目组通过文献、访谈和心理测量法了解区域初中新生学习适应性发展现状，从区域三所中学的初一年级中整群抽样 651 名学生，采用研究工具《中学生学习适应性测验》量表进行问卷调查。该量表是专为诊断学生学习问题而设计的，包括学习动机、学习期望、健康状况、意志力、学习方法、学校环境和家庭环境等 7 个因子，共有 105 题，结果为三等级计分方式。分数为百分等级分数，分数越高，表明学习适应能力越好。项目组将前测所得数据进行统计处理分析，撰写了初中新生学习适应性现状调查分析报告，下面是项目组研究过程及研究结果。

1. 研究对象与方法

（1）对象。从广州市某区 3 所中学初一年级中整群抽样，其中 2 所公办学校，1 所外来工子弟学校。共发放问卷 651 份，最后回收有效问卷 620 份。其中男生 341 人（55%），女生 279 人（45%），公办学校学生 393 人，外来工子弟学校学生 227 人。

（2）工具。采用《中学生学习适应性测验》量表。该量表是专为诊断学生学习问题而设计的，由华瑞人才测评公司参考周步成（1991）主编的《学习适应性量表》（AAT）和陈英豪等（1991）主编的《学习适应性量表》编制而成。该量表包括学习动机、学习期望、健康状况、意志力、学习方法、学校环境和家庭环境等 7 个分测验，共有 105 题。该量表采用三等级计分法，导出分数为百分等级分数，分数越高，说明学习适应能力越好。一般来说低于 25 分者说明该生在学习适应性方面存在问题（聂衍刚、郑雪、张卫，2004）。问卷由心理老师和班主任主持测试，以班级为单位进行团体施测。

（3）统计处理。使用 SPSS22.0 软件进行统计分析，以 $p < 0.05$ 为差异有统计学意义。

2. 结果

（1）学习适应性等级分布状况。我们对 620 名初中新生采用《中学生学习适应性测验》问卷调查，结果如下：初中新生学习适应性等级分布状况见表 7-1，在 7 个分测验上，除家庭环境外，其他 6 个分测验的学习适应性不良比率均高于学习适应性良好比率；除学习动机、学习期望外，其他 5 个分测验的学习适应性中等比率均高于良好和不良比率；除了家庭环境外，其他 6 个分测验的检出率均高于全国的理论比率 25%。

表 7-1 学习适应性等级分布状况

分测验	不良	中等	良好
学习动机	303（48.9%）	230（37.1%）	87（14.0%）
学习期望	313（50.5%）	259（41.8%）	48（7.7%）
健康状况	156（25.2%）	344（55.5%）	120（19.4%）
意志力	189（30.5%）	291（46.9%）	140（22.6%）
学习方法	182（29.4%）	360（58.1%）	78（12.6%）
学校环境	165（26.6%）	365（58.9%）	90（14.5%）
家庭环境	134（21.6%）	352（56.8%）	134（21.6%）

（2）学习适应性的性别差异比较。初中新生学习适应性性别差异比较状况见表 7-2。在健康状况分测验中，男生平均分显著高于女生，而在学习动机、学习方法、学校环境、家庭环境分测验中，男生平均分均显著低于女生。

表 7-2 学习适应性的性别差异比较

分测验	男生（$M \pm SD$）	女生（$M \pm SD$）	t
学习动机	34.96 ± 26.07	40.64 ± 25.88	-2.709[*]
学习期望	36.11 ± 25.24	41.14 ± 25.76	-0.540

（续上表）

分测验	男生（$M \pm SD$）	女生（$M \pm SD$）	t
健康状况	56.71 ± 25.4	51.54 ± 26.54	2.468*
意志力	51.67 ± 26.49	49.80 ± 27.76	0.857
学习方法	46.96 ± 26.18	51.06 ± 25.28	−1.969*
学校环境	45.57 ± 24.23	50.92 ± 22.67	−2.818*
家庭环境	54.91 ± 25.69	61.15 ± 26.01	−2.988*

注：*表示 $p < 0.05$，下同。

（3）学习适应性不良检出率的性别比较。学习适应性不良检出率性别比较见表7-3。除意志力、健康状况分测验外，男生的不良检出率均高于女生；在学习动机分测验中，男生不良检出率显著高于女生；在健康状况分测验中，女生不良检出率显著高于男生。

表7-3　学习适应性不良检出率的性别比较

分测验	男生（$M \pm SD$）		女生（$M \pm SD$）		χ^2
	人数（理论）	比率/%	人数（理论）	比率/%	
学习动机	185（167）	54.25	118（136）	42.29	8.78*
学习期望	175（172）	51.32	138（141）	49.46	0.21
健康状况	73（86）	21.41	83（70）	29.75	−5.67*
意志力	97（104）	28.45	92（85）	32.97	1.49
学习方法	111（100）	32.55	71（82）	29.03	3.73
学校环境	101（91）	29.62	64（74）	22.94	3.51
家庭环境	88（79）	25.81	55（64）	19.71	3.21

（4）学习适应性的校际差异比较。学习适应性校际差异比较见表7-4。在学习期望、健康状况分测验中，外来工子弟学校平均分显著高于公办学校；而在学习方法、学校环境分测验中，公办学校平均分显著高于外来工子弟学校。

表7-4 学习适应性的校际差异比较

分测验	公办学校（$M \pm SD$）	外来工子弟学校（$M \pm SD$）	t
学习动机	36.22 ± 25.67	39.7 ± 26.78	-1.63
学习期望	33.98 ± 24.76	41.14 ± 25.76	-3.41*
健康状况	52.58 ± 25.64	57.50 ± 26.52	-2.27*
意志力	51.65 ± 26.98	49.40 ± 27.20	1.00
学习方法	51.11 ± 25.77	44.83 ± 25.51	2.93*
学校环境	50.52 ± 23.31	43.56 ± 23.69	3.56*
家庭环境	58.48 ± 26.41	56.40 ± 25.28	0.96

（5）学习适应性不良检出率的校际比较。学习适应性不良检出率校际比较结果见表7-5。在学习期望分测验中，公办学校不良检出率显著高于外来工子弟学校，而在学习方法与学校环境分测验中，外来工子弟学校不良检出率显著高于公办学校。

表7-5 学习适应性不良检出率的校际比较

分测验	公办学校		外来工子弟学校		χ^2
	人数（理论）	比率/%	人数（理论）	比率/%	
学习动机	197（191）	50.13	106（112）	46.70	0.678
学习期望	215（197）	54.71	98（116）	43.17	7.66*
健康状况	105（98）	26.72	51（58）	22.47	1.38
意志力	112（119）	28.50	77（70）	33.92	2.00
学习方法	101（115）	25.70	81（67）	35.68	-6.92*
学校环境	83（104）	21.12	82（61）	36.12	-16.59*
家庭环境	92（90）	23.41	51（53）	22.47	0.07

3. 讨论

（1）初中新生学习适应性总体分布状况。表7-1说明620名初中新生的学习适应性总体分布状况是处于中等水平的人数居多，适应不良水平的人数比率远高于适应良好水平的人数比率。除家庭环境外，其他6个分测验的不良检出率均高于全国的理论比率25%，这一研究结果与聂衍刚、郑雪、张卫（2004）的发现一致。以上结果表明在中小学教育衔接过程中初中新生普遍出现学习适应不良现象，提示学校和教师要特别重视对这一过渡阶段学生学习适应性的培养。

（2）初中新生学习适应性性别差异。表7-2说明在学习适应性水平上男女生之间存在显著差异。除了在健康状况分测验中，男生学习适应性平均分显著高于女生外，在学习动机、学习方法、学校环境和家庭环境分测验中，男生学习适应性平均分显著低于女生。表7-3说明除意志力、健康状况分测验外，男生的适应不良检出率均高于女生，特别是在学习动机分测验中男生适应不良检出率显著高于女生，但在健康状况分测验中女生适应不良检出率显著高于男生。以上结果说明总体上女生更能较快适应初中学习要求，男生的学习适应能力相对差于女生。因此学校及教师应特别注重男生学习适应性的培养，如有意识地激发他们的学习兴趣和学习动机，加强理想信念教育，树立学习自信心，培养他们长远的学习动机，增强学习毅力等。男生家庭也要注意改善家庭亲子关系，营造和睦家庭氛围。在健康状况分测验中，女生的平均分显著低于男生，这可能是男生在课余时间参加体育锻炼的时间比女生多，身体素质在各项体育活动中得到增强和提升。因此学校要特别注重组织各种适合女生锻炼的体育活动，培养激发女生的体育运动热情，关注女生青春期身心健康，增强女生的身体素质。

（3）初中新生学习适应性的校际差异及检出率比较。表7-4说明外来工子弟学校在学习期望、健康状况分测验中的分数显著高于公办学校，原因可能是一方面外来工子弟自我学习期望较高、期盼成才的愿望更加强烈，他们渴望通过更好的学习成绩改善自己的生存状况；另一方面外来工子弟从小比较自立，经常跟随父母做一些力所能及的家务劳动并在劳动中增强了身体素质。

但外来工子弟学校在学习方法和学校环境分测验中的平均分显著低于公办学校，检出率也较高，可能有两个原因：第一，外来工子弟家庭经济条件一般较差，父母学历层次较低，常为生计奔波，导致家庭方面对子女的指导和支持力度不够；第二，在学校环境方面，外来工子弟学校办学条件相对较差，教育经费投入不足，致使学校教学环境简陋，缺乏必要的教学设施，加上整体师资力量薄弱、教师待遇低、流动性大，导致教师和学生很难形成亲密而稳定的关系，从而影响了学生的归属感和安全感；在具体学科教学过程中教师缺乏对学生学习方法的系统指导。

因此，建议政府应加大对外来工子弟学校的政策扶持力度，落实相关资金补助，帮助学校从物质、制度和精神三个层面优化学校教育环境，从而改善办学条件及学校人文环境，改善师生关系和同伴关系；外来工子弟学校也要加强教师队伍的自身建设，提高师资水平，使教师在教学中不仅注重"教"更注重"学"，重视对学生学习方法的指导。

此外，学生的学习期望及自我学习意识都会引发学生的自觉学习行为，与学习适应性有关；学生的身心健康状况也是影响学习适应性的一个重要因素，所以公办学校应重视激发和培养学生的学习期望，提高学生健康状况。

总之，从学生长远发展性目标来看，学校应该充分认识学习适应性的功能，重视对初中新生学习适应性的指导与培养，探索促进初中新生学习适应性策略，为学生终身教育和全面发展奠定良好基础。

4. 结论

综上，总结及归纳初中新生的学习适应性问题如下：从总体水平来看，多数初中新生学习适应能力处于中等水平，适应良好人数的比率远低于适应不良人数的比率。

初中新生在学习期望、学习动机、意志力、学习方法及学校环境五个分测验上存在学习适应不良现象，初中新生学习适应性在各分测验中存在性别差异。

初中新生学习适应性的不良检出率在性别方面也存在显著差异。在健康状况分测验中，女生适应不良检出率显著高于男生，但在学习动机分测验中，男生适应不良检出率显著高于女生。公办学校及外来工子弟学校的初中新生都在一定程度上存在学习适应不良的现象，但在适应不良及适应不良检出率方面表现出了不同维度的差异。

2. 开展实验，实证研究

根据以上调研数据得知，区域初中新生学习适应不良问题突出，项目组于2012年开始采用实验研究法，选取实验学校进行实证研究。研究过程及方法如下。

1. 研究对象与方法

（1）对象。本研究选择广州市黄埔区某中学初中一年级学生为研究对象。

在全年级发放《中学生学习适应性测验》问卷，根据前测结果选取学习适应性起始水平大致对等的三个自然组，随机确定为实验组、对照1组和对照2组。实验组39人（男生20人，女生19人），对照1组37人（男生19人，女生18人），对照2组38人（男生18人，女生20人）。

（2）工具。采用《中学生学习适应性测验》问卷进行调查，该问卷由华瑞人才测评公司编制，参考了国内外有关学习适应性量表（周步成，《学习适应性量表》；陈英豪等，《学习适应性量表》），经检验和国内多次使用，已证明具有较高的信度和效度。该量表是专为诊断学生学习问题而设计的，包括学习动机、学习期望、健康状况、意志力、学习方法、学校环境和家庭环境等7个因子，共有105道题，结果为三等级计分方式。分数为百分等级分数，分数越高，说明学习适应能力越好，一般来说，低于25分者则说明在学习适应性方面存在问题。

此量表构成本研究的前后测问卷。在课堂发放问卷时，研究者讲明填答要求，学生根据自己的判断独立填写，结束后由研究者收回。本研究共发放114份问卷，回收有效卷114份，有效回收率100%。

（3）实验材料。实验材料是项目组自编的《学习适应性主题实验教材》，方案见表7-6。实验教材参考了吴增强主编的《学习心理辅导》等资料，同时根据被试在前测中反映出的学习适应性不良的现状及结合对学生访谈的结果设计编制相关内容，此为动态方案，可根据实际实施情况不断进行修订。

表7-6　学习适应性主题实验教材方案

专题	目标	活动内容
1. 学校环境	促使学生了解、察觉与体验新学校学习生活环境发生的变化，包括心理环境、物理环境、师生关系和同学关系；积极调适心态	第1课　初来乍到相见欢 第2课　校园观察家 第3课　我会积极适应新环境
2. 学习动机、学习期望	正确认识自我，提高自我期望；学会合理确立初中个人短期和长期学习目标，并使之成为学习动力	第4课　我的初中生涯蓝图 第5课　学习的乐趣 第6课　我为自己掌舵

（续上表）

专题	目标	活动内容
3. 学习方法	探索自己的学习风格及优势学习能力，树立学习信心；察觉自我在学习方法上存在的问题并改进；掌握各学科科学的学习方法及制订学习计划、听课、笔记、应试、记忆等正确方法和技能	第12课 我的学习风格——优势学习 第13课 我的学习我做主
4. 学习习惯	了解良好的学习习惯及学习策略可以受益终生；养成课前预习、认真听课、复习、做作业与检查订正等良好的学习习惯；自我探索自身不良的学习习惯并改进；学习管理时间，向拖延症宣战	第14课 良好学习习惯百宝箱 第15课 学习的比萨，学会管理时间 第16课 与拖延症说拜拜
5. 健康状况	认识身心健康相互影响；察觉、反省自我在身心健康方面存在的问题；培养调适情绪的能力及良好心理素质，处理好学习焦虑等	第7课 健康新生活 第8课 积极情绪健康维他命 第9课 与烦恼共处，积极生活
6. 意志力	认识困难与挫折是双刃剑，促使学生察觉、反省自己在意志力方面存在的问题；培养学生抗挫折能力，以及持久的坚持性、忍耐力、耐挫力等良好意志品质	第10课 我和挫折做朋友 第11课 "意"比金坚——阳光总在风雨后
7. 家庭环境	了解亲情、家庭环境对学习的影响；促使学生察觉、反省自身在家庭环境方面及处理与父母关系时的不良方式与行为；掌握营造良好亲子关系的方法，改善家庭环境	第17课 换位思考，读懂父母心 第18课 架起心桥化彩虹——我会沟通

2. 研究过程

开学初，对学生进行《中学生学习适应性测验》问卷前测，明确实验组和两个对照组，然后实验组和对照 1 组开展实施《学习适应性主题实验教材》课程教学。实验组采用校园心理剧教学模式，对照 1 组采用专题知识讲授教学模式。每周两次课，每次课 50 分钟，共开展 18 次课。对照 2 组不干预。干预完成后一周内进行问卷后测。

3. 教学质量监控

(1) 保证实验组和两个对照组前测结果同质。根据全体问卷，确定性别比例及中学生学习适应性 7 个因子的起始水平差异不显著 [$p > 0.05$，以 $p < 0.05$ 为差异有统计学意义，以下同（见表 7-7）]。

表 7-7   实验组、对照 1 组、对照 2 组前测得分结果差异检验（$M \pm SD$）

分测验	实验组（$N = 39$）	对照 1 组（$N = 37$）	对照 2 组（$N = 38$）	F	p
学习动机	45.97 ± 27.04	45.59 ± 23.60	35.66 ± 25.16	2.028	0.136
学习期望	40.13 ± 25.86	50.03 ± 27.88	42.34 ± 24.63	1.488	0.230
健康状况	58.92 ± 26.05	53.76 ± 24.48	53.63 ± 25.07	0.552	0.577
意志力	47.67 ± 27.06	42.43 ± 26.44	42.95 ± 27.17	0.442	0.644
学习方法	41.03 ± 25.81	42.00 ± 26.57	40.89 ± 25.89	0.020	0.980
学校环境	40.87 ± 24.77	43.70 ± 24.02	41.00 ± 23.19	0.166	0.847
家庭环境	52.64 ± 27.14	52.59 ± 23.284	46.29 ± 25.69	0.783	0.459
总分	327.23 ± 129.13	330.11 ± 121.46	302.76 ± 119.66	0.560	0.573

(2) 保证实施的课程内容相同，对实验组和对照 1 组的学生严格按照《学习适应性主题实验教材》进行教学。

(3) 其他无关变量控制。控制影响实验结果的其他无关变量，如保证实验组和对照组的各学科师资配备水平大致相当、实验主持者对主试进行校园心理剧技术统一培训，并统一备课。实验组和对照 1 组由一位主试老师负责授课。

4. 两种干预模式课堂教学设计

(1) 校园心理剧教学模式。实验组在小剧场进行校园心理剧教学，配备舞台灯光和多媒体设施，教师根据各专题需要准备一些简易的表演道具，实验前宣讲及签订《校园心理剧辅导契约》，让学生明确辅导的理念、目标、方式及规则，辅导内容依照《学习适应性主题实验教材》中的七个专题及内容进行，辅导方式采用校园心理剧教学的"六环节"模式，即暖身活动→主剧编演→续剧编演→讨论分享→自我审视→师生寄语。

第一环节是暖身活动。辅导活动开始前，教师带领学生进行暖身活动，利用音乐、冥想、肢体运动等活动方式营造一种安全、温暖、接纳的氛围，降低学生的心理防御，启动积极的心理动力场为辅导做好准备。第二环节是主剧编演。首先教师根据《学习适应性主题实验教材》中的活动内容指导学生创编校园心理剧主剧。主剧是针对续剧而言的，主要呈现学习适应性专题中各种具体问题情境和矛盾冲突，呈现主角所遭遇的心理问题和困惑，并不是一个完整的校园心理剧。主剧剧本要简短明了，将主要的问题情景反映出来即可。然后教师将主剧剧情概要投影出来，组织学生讨论并指导其中一组学生通过角色扮演表演主剧剧情，其他学生观看，并讨论分享，为续编"主剧"做好准备。第三环节是续剧编演。续剧是指针对主剧进行续编。教师指导学生思考采取什么样的积极应对方式解决主剧中"主角"反映出来的学习适应性问题和困惑，并把解决方法用即兴续编心理剧的形式创编并表演出来。这部分是学生联系自身创造性解决问题的过程。续剧一般不适宜太长，要短而精，集中体现如何解决主剧呈现出来的问题。第四环节是讨论分享。讨论分享本身就是一种辅导，校园心理剧讨论分享可以根据需要在每个环节结束后进行，优点是即时性和针对性；也可以在整个校园心理剧教学完成后进行，以便保持整个剧情的完整。第五环节是自我审视。教师组织学生讨论分享，由剧中"人"推及自身，反思自己在学习适应性方面存在的问题，并进行自我觉察、自我反思、自我探索，指导学生将本次辅导中获得的积极应对方法运用到学习生活中。第六环节是师生寄语。校园心理剧教学结束后，教师指导学生将本次校园心理剧活动获得的感受、体会进行概括性总结，教师进行总结提升。

（2）专题知识讲授教学模式。对照1组授课教材和授课内容同实验组一样，授课方式采用专题知识讲授教学模式。

5．数据分析

经过一学期的18次干预后，项目组收集实验组与对照组的《中学生学习适应性测验》量表得分数据，应用SPSS软件进行数据统计处理，得出如下的数据结果。

（1）实验组、对照 1 组和对照 2 组前后测差异比较。实验结束后，收集实验组与对照组的后测量表得分数据，采用 SPSS17.0 对数据进行处理，并配对样本 t 检验，$p < 0.05$ 表示差异具有统计学意义。数据结果显示，实验组经过校园心理剧模式干预后，7 个因子得分及量表总分在前后测中差异均有统计学意义（见表 7-8），对照 1 组只在健康状况、学习方法两个因子及量表总分上有统计学意义（见表 7-9），对照 2 组各因子得分及量表总分差异均没有统计学意义（见表 7-10）。实验组和对照 1 组在两种不同模式干预下学习适应性水平都有不同程度的提高，表明学习适应水平可以通过教育干预而提高。

表 7-8　实验组（$N=39$）前后测配对样本 t 检验验（$M \pm SD$）

分测验	前测	后测	t	p
学习动机	45.97 ± 27.04	58.79 ± 13.49	−3.214	0.003
学习期望	40.13 ± 25.86	52.56 ± 15.96	−3.210	0.003
健康状况	58.92 ± 26.05	64.36 ± 21.96	−1.852	0.008
意志力	47.67 ± 27.06	67.67 ± 19.20	−4.235	0.000
学习方法	41.03 ± 25.81	66.36 ± 15.10	−6.416	0.000
学校环境	40.87 ± 24.77	75.00 ± 18.02	−5.956	0.000
家庭环境	52.64 ± 27.14	76.44 ± 10.38	−5.986	0.000
总分	327.23 ± 129.13	461.18 ± 54.27	−6.852	0.000

表 7-9　对照 1 组（$N=37$）前后测配对样本 t 检验（$M \pm SD$）

分测验	前测	后测	t	p
学习动机	45.59 ± 23.60	46.16 ± 23.44	−1.642	0.109
学习期望	50.03 ± 27.88	50.24 ± 28.23	−1.034	0.308
健康状况	53.76 ± 24.48	54.24 ± 24.05	−2.104	0.042
意志力	42.43 ± 26.44	43.27 ± 25.56	−1.824	0.076
学习方法	42.00 ± 26.57	50.92 ± 22.99	−2.815	0.008
学校环境	43.70 ± 24.02	43.81 ± 24.07	−1.276	0.210
家庭环境	52.59 ± 23.28	53.68 ± 21.59	−1.434	0.160
总分	330.11 ± 121.46	342.22 ± 108.02	−3.182	0.003

表 7 - 10　对照 2 组 （$N = 38$）前后测配对样本 t 检验 （$M \pm SD$）

分测验	前测	后测	t	p
学习动机	35. 66 ± 25. 16	35. 89 ± 25. 04	− 1. 000	0. 324
学习期望	42. 34 ± 24. 62	43. 79 ± 23. 49	− 1. 683	0. 101
健康状况	53. 63 ± 25. 07	52. 97 ± 24. 55	1. 708	0. 096
意志力	42. 95 ± 27. 17	43. 05 ± 27. 03	− 1. 275	0. 210
学习方法	40. 89 ± 25. 89	42. 05 ± 25. 09	− 1. 951	0. 059
学校环境	41. 00 ± 23. 20	40. 45 ± 22. 36	1. 506	0. 141
家庭环境	46. 29 ± 25. 69	46. 42 ± 25. 54	− 1. 303	0. 201
总分	302. 76 ± 119. 66	304. 18 ± 115. 20	− 1. 236	0. 224

（2）实验组、对照 1 组、对照 2 组后测差异比较。对三组被试后测 7 个因子及总分进行单因素方差分析，除了学习期望和健康状况外，实验组在 5 个因子及总分方面差异具有统计学意义（见表 7 - 11），且实验组的各项因子均分及总分均高于其他两组。进一步进行两两多重比较发现，实验组和对照 1 组在学习动机、学习期望、学习方法、学校环境及家庭环境 5 个因子和量表总分方面差异均具有统计学意义，这表明实验组在校园心理剧教学模式的干预下，学习适应性改善效果优于其他两组。

表 7 - 11　实验组、对照 1 组、对照 2 组后测得分结果差异检验 （$M \pm SD$）

分测验	实验组 （$N = 39$）	对照 1 组 （$N = 37$）	对照 2 组 （$N = 38$）	t	p
学习动机	58. 79 ± 13. 49	46. 16 ± 23. 44	35. 89 ± 25. 04	11. 276	0. 000
学习期望	52. 56 ± 15. 96	50. 24 ± 28. 23	43. 79 ± 23. 49	1. 494	0. 229
健康状况	64. 36 ± 21. 96	54. 24 ± 24. 05	52. 97 ± 24. 55	2. 710	0. 071
意志力	67. 67 ± 19. 20	43. 27 ± 25. 56	43. 05 ± 27. 03	13. 248	0. 000
学习方法	66. 36 ± 15. 10	50. 92 ± 22. 99	42. 05 ± 25. 09	12. 700	0. 000
学校环境	75. 00 ± 18. 02	43. 81 ± 24. 07	40. 45 ± 22. 36	30. 02	0. 000
家庭环境	76. 44 ± 10. 38	53. 68 ± 21. 59	46. 42 ± 25. 54	23. 330	0. 000
总分	461. 18 ± 54. 27	342. 22 ± 108. 02	304. 18 ± 115. 20	28. 071	0. 000

6. 讨论

（1）校园心理剧教学干预效果显著。实验组、对照 1 组和对照 2 组前测得分结果差异检验显示，干预前，三组没有显著差异。干预后，单因素方差分析结果表明三组有 5 个因子和总分差异显著。进一步两两多重比较发现，实验组在学习动机、学习期望、学习方法、学校环境、家庭环境因子和总分方面与对照 1 组差异显著，表明校园心理剧改善初中新生学习适应性的效果显著。分析原因如下：积极心理学提倡要深入挖掘个体自身的潜能和力量，并利用自身优势，运用积极向上的自我力量来对抗各种心理困扰。校园心理剧是一种积极心理健康教育范式，其核心机制是创造性，优势在于提供一个朋辈互助平台和类似真实而具体的学习生活场景，营造一种安全、接纳、信任的氛围，激发个体的创造性潜能，使个体整合以往经验和反思，创造性地发展出新的成长性理念，构建出积极有效地应对生活中各种挑战的生活方式，并达到情绪、认知、行为三个层面的矫正目的。校园心理剧创编、续编及演出过程就是激发学生创造力的过程，在校园心理剧场景中，学生的生命活力得以滋养，积极向上的力量和潜能得以激发，从而能够积极看待学习和生活中出现的各种不适应问题，并利用在辅导中习得的方法进行自我调适，构建新的积极有效的应对方式，并在这一过程中实现自我的积极成长。

而专题知识讲授教学模式缺乏活动体验和趣味性，难以激发学生的潜能，是偏向问题价值取向的传统心理学理念下的消极心理干预模式。所以，总体来说其干预效果不如校园心理剧好。

（2）校园心理剧教学干预的优势。第一，校园心理剧构建了师生学习共同体和朋辈互助平台。校园心理剧的情境性、活动体验性特征使学生互相协作、共同探究。学生在共同创编、表演校园心理剧的过程中讨论分享互动，增强了交往，增进了亲密关系。同时在排练和观看校园心理剧过程中学生有真切的体验，通过角色扮演体验更能学会换位思考，增进对人际关系的理解。比如，在校园心理剧《我与老师》中，学生通过创编及演出的真实体验，在感悟分享环节谈到"良好的师生关系很重要"，并提出三点维护师生关系的原则——"尊重老师、主动与老师交流、换位思考"。所以校园心理剧在干预学校环境维度具有显著的效果。这也印证了心理剧专家 Kellermann 的研究："在心理剧中，觉察、情感宣泄与人际学习对参与的个体帮助最大。"

此外，校园心理剧演出过程通过学生之间的互动来实现心理健康教育的目标。例如，当参与者看到别人也有和自己一样的问题和困扰时，会减轻自己的焦虑。同时，团体成员的互相支持和帮助能够宣泄长期压抑的情感，提高成员的自尊，促使自我中心的人更多地关心他人，加深对自我的认识。

学生在参与创作表演的过程中，不断去体验、经历各种心理冲突与困惑，会获得情绪的宣泄与需要的满足。通过校园心理剧的策划、排练、表演等一系列的过程，学生体验到剧本中不同角色的生活，在表演结束后，学生之间相互交流表演经验、分享情感。同时，无论创编还是表演心理剧都需要各角色互相配合，这可以培养学生的协作精神，促进朋辈互帮互助。

第二，校园心理剧教学主题来源于学生实际生活，具有针对性。传统的专题知识讲授方式的主题和内容一般由心理老师根据学生在该年龄阶段容易出现的心理障碍和困惑而确定，是从上而下的选题方式，所选内容及主题受老师个人经验影响，预设性较强，很难回应学生的真正需求。而校园心理剧教学的主题和内容大多是从学生实际中来，是一种从下而上的选题方式。学生将自己在生活、学习、人际交往和自我发展过程中所经历的心理冲突、困惑创编成精彩的校园心理剧，内容都是校园里发生的典型的真实案例，具有针对性，能够打动学生的心灵，学生易产生共鸣。学生针对学习上存在的各种问题进行编排，通过角色扮演让参加演出和观看的学生都具有真切的体悟，为他们今后应对类似的问题提供了可借鉴的经验和方法。

第三，校园心理剧教学注重身体感知和身体经验，是一种体验式学习。传统的专题知识讲授方式多以静态的讲座方式进行，是一种单纯说教式的心理教育和品德教育工作。由于其趣味性受限、活动方式刻板、枯燥无趣，因此很难达到预期的心理辅导效果。而校园心理剧教学以"寓教于剧""寓教于乐"的活动体验形式代替了说教的方式，用学生比较喜欢的戏剧、小品、话剧方式反映学生内心冲突和情绪波动，形式生动活泼，趣味性和渗透性强。同时，氛围轻松愉快，问题以戏剧化的方式展示出来，不会给学生带来任何心理压力和负担，学生能在良好的氛围中更深入地进行自我探索。这也进一步说明校园心理剧教学通过情境表演，可以引发演出者和观众的共鸣，台上台下形成一体，让观众和演出者共同入戏。

第四，校园心理剧受众对象广，辐射影响范围大。传统的专题知识讲授的教育对象主要是参与辅导的学生，它的影响范围相对较小。而校园心理剧的受众面比较广，不仅包括参与表演的学生，也包括在现场观看的学生、教师和家长，观众在观看的同时也会得到一定程度的情感宣泄，获得替代性经验。

但在实际研究中也发现校园心理剧教学对健康状况、意志力、家庭环境维度改善不显著的问题，其原因是多方面的。初中新生学习适应是比较复杂的组织系统，由于其形成是学生个体在长期的生活、学习过程中养成教育的积淀，学生从认知到行为改变需要一个过程，所以对其干预难度很大。本研究在有限的时间内，对实验组进行校园心理剧教学干预，使学生学习适应能力有了显著的提高，说明通过校园心理剧教学干预促进初中新生学习适应能力的发展是可行的。

综上，通过"前测调研—干预实验—后测评估"的行动研究，项目组初步构建了校园心理剧教学在心理课堂应用的"六环节"操作模式：暖身活动→主剧编演→续剧编演→讨论分享→自我审视→师生寄语。

二、第二阶段（2015—2019 年），探索校园心理剧教学模式应用

依托广东省教育科学"十二五"规划课题"初中新生学习适应性及其干预的研究"，项目组通过每学期 4~6 次、持续 5 年的教研，开展师资培训与教学实践，在区域内 100 多所中小学推广校园心理剧"六环节"教学模式。一方面促使心理教师转变观念、主动探索课堂转型，将课—剧融合的模式体现在教学设计上、应用在心理课堂上；另一方面不断优化校园心理剧教学"六环节"的操作策略——从课前创编长剧变为课堂即兴创编短剧，从探讨表演效果转为探讨教育启示，从个人独立选题走向区域课程体系。教师用校园心理剧"六环节"操作模式突破曾遇到的"瓶颈"，走进学生心里，心理课也走出了"被冷落"的困境。

本阶段，形成了 100 多节不同学段应用校园心理剧"六环节"操作模式的教学设计和上百个优秀校园心理剧，发表了《校园心理剧干预初中新生学习适应性效果研究》等 5 篇论文，出版了《演出你的故事：校园心理剧在心理课堂中的应用》一书。

三、第三阶段（2020—2023 年），探索课—剧融合具身教学模式应用

2020 年新冠疫情暴发后，项目组依托广东省教育科学"十三五"规划课题"中小学生心理危机识别与干预策略研究"，通过每学期、每学段 4～6 次的线上线下主题讲座、课例研讨等丰富的教研分享和课程共建，在学习适应力"七维"主题课程基础上，构建了"七维"积极生命力课程，区域课程完成了从适应性课程到发展性课程的升级，解决了心理课教学内容体系不完善的问题。

应线上教学之需，"七维"积极生命力课程以微课视频进行教学，教师灵活选取、灵动组合校园心理剧教学"六环节"操作模式——同样以"暖身活动"进入热身阶段，转化阶段则将"主剧编演"化为情境故事，工作阶段则融合了"续剧编演与讨论分享"，最后以"自我审视和师生寄语"落地结束。回归线下教学的"七维"积极生命力课程，则因充分应用校园心理剧"六环节"操作模式，尤其是续剧的多元化开展，带给师生更多沉浸式、真切深刻的体验。

本阶段，发表《"七彩积极"生命教育课程对初中生心理健康水平的干预研究》等 30 多篇论文，出版《着色生命，幸福成长："七彩积极生命教育"微课程的构建与实施》一书。

第三节　雏形：课—剧融合的操作策略

一、首次提出校园心理剧"六环节"模式，具有一定创新性

在上述研究中，项目组成员一直不断探究、不断完善及不断修正校园心理剧课堂应用的操作模式。

目前，校园心理剧的应用形式主要分为三种：一是基于课堂教学环境的心理剧活动，即在各学科教学过程中渗透心理剧进行心理健康教育；二是基于心理活动课与班会课的心理剧活动；三是基于室外专业场地的心理剧活动，即在学校专门的场地举行的校园心理剧展演活动。

基于课堂教学环境的心理剧活动是指在心理健康课或者班会课上使用校园心

理剧活动，是校园心理剧发挥积极作用的一种主要形式。校园心理剧在心理课堂的应用不同于校园心理剧的会演或者展演，是基于课堂环境，受时间和场地等因素制约，因时因地、简便易行的适合课堂特点的操作模式。刚开始，项目组成员和学生一起创编了学习适应性校园心理剧，学生在课堂进行表演。一节课40分钟，学生表演剧本就用了35分钟，讨论、分享环节没有时间展开，课堂辅导效果不佳。后来项目组成员根据课堂时间、场地等制约因素逐渐调整策略，在前期研究基础上，进一步提炼总结校园心理剧教学课堂应用操作策略，在国内首次正式提出了校园心理剧教学"六环节"操作模式（见图7-1），真正实现了寓教于剧，即"寓教于创编""寓教于续编""寓教于表演""寓教于观剧""寓教于评剧"。该模式具有一定的创新性，解决了基于课堂教学情境下创新运用校园心理剧教学的操作策略问题，可迁移、推广到其他专题的团体心理辅导课上。

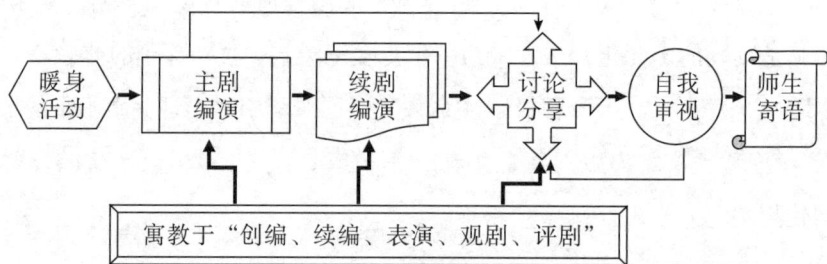

图7-1　校园心理剧教学课堂应用"六环节"操作模式

（一）暖身活动

在莫雷诺的古典心理剧中，暖身在任何团体形成之初，都具有深远的意义。成功的暖身活动会凝聚成员的向心力，形成团体动力，引导团体成员在安全、信任的气氛中充分表达内在自我。这一点对所有治疗或成长团体都是同样重要的。暖身就犹如通过有意义的活动把我们紧绷的神经舒展开来，给心灵一个空间，让思绪自由联想，迸发出无限的创造力，提高人与环境互动下的智慧和解决问题的能力。

校园心理剧的暖身属于一种心理现象，主要是利用音乐、冥想、肢体活动等方式营造一种温暖安全的气氛，使得内在的自我防卫得以降低，从而使团体成员间产生安全感与信任感，调动个体的自发性和创造性。其实暖身活动在我们日常生活中也经常用到。例如，当自己要静下心来写作时，会给自己泡杯茶；临考前为了减轻紧张的心情,会静下心来并深呼吸……这些都是我们在日常生活中常用来缓解压力、放松自己的暖身方式。

校园心理剧的暖身主要是用来帮助成员们充分地投入演出的手段。在每次活动开始前,学生总对本次活动要探索的主题和达成的目标茫然无知,团体内开展互动、交流、分享的氛围也尚未形成。因此,这一阶段工作的重点是"情绪接纳",具体来说包括:教师要充分运用各种暖身游戏、音乐、音像、影视等手段,营造一种轻松和温暖的氛围,促成团体成员初步的互动,帮助团体形成一个具有凝聚力的团队,这一过程就是通常所说的"暖身"或"破冰"。它的目的就是让全体学生既能打消自己的防卫心理,感到轻松愉快,又能够集中注意力,调动起积极参与心理剧的情绪,增进生生之间、师生之间的信任感和凝聚力。和其他暖身活动相比,校园心理剧的暖身活动相对容易一些,因为成员彼此比较熟悉,而且课堂时间有限制,因此暖身活动时间不宜过长,一般控制在4分钟左右。恰当地实施暖身活动,有利于达成一致性目标和创造宽松、和谐、安全的心理氛围,能够最大限度地刺激学生自发性和创造性的生成,为学生最终完成建设性的、积极的行为奠定良好的基础。

例如,在主题为"钱多多的烦恼"的小学心理课例中,教师通过歌曲带领学生进行暖身活动。教师:"同学们,大家刚才上课都比较紧张,现在让我们来做个放松活动,轻松下好吗?我们来听一首歌曲《幸福拍手歌》,请大家根据歌词做动作,把大家的幸福感用你的掌声和跺脚声表现出来好吗?"接着,教师播放《幸福拍手歌》,简单示范后带领学生一起边听音乐边唱歌并做动作,时间大约3分钟。通过唱歌的形式让学生在轻松愉快的气氛中释放情绪,自然而然地入境,将注意力转移到将要开始的校园心理剧教学中来,符合中小学生活泼好动的年龄特点。

又如,在主题为"认识我的心边界——我能守护彼此边界"的初中心理课例中,教师带领学生通过肢体语言的方式进行暖身活动。

老师:"同学们,大家好!欢迎来到今天的心理课堂。在今天正式进入课堂之前,老师想先跟大家重温我们的课堂约定——尊重、真诚、投入。接下来,老师会描述一些情境,请大家根据自己的实际情况用身体动作反馈。如果对于该情境你认为可以接受,就请用手比出OK的姿势;如果对于该情境你觉得不舒服,难以接受，就请双手交叉放在胸前，表示拒绝。"

（1）舍友未经你允许，用你的洗发水。

（2）父母未经你的允许翻看你的手机。

（3）家人不敲门进你的房间。

（4）同学用你的水杯喝水。

（5）舍友上厕所不关门。

（6）好朋友让你不要跟某人来往。

（7）同学替你报名参加某个活动。

（8）在只有你和另一个陌生人的电梯里，陌生人站在你旁边。

（注：以上描述均来源于学生生活，主要涉及物理空间边界、时空环境边界、社会关系边界、物品所属边界四个方面）

老师："在刚刚的描述中，同样的情境，有的同学觉得很正常，有的同学则觉得不舒服、难以接受。比如朋友一起走路，有的人觉得既然是好朋友，手牵手、手挽手更亲密；但也有的人觉得哪怕是好朋友，也需要留点个人空间，这样更自由（配合教具）。这种在心理上无形的、区分彼此的界限就叫作心理边界。刚才老师提到的令你不舒服的事件就是你的边界事件。今天的课程，我们将通过心理剧的形式一起来觉察和探索自己的心理边界。"

本课例中教师用学生生活中的情境来描述边界事件，引发学生共鸣，唤起情绪和探索的欲望，同时也帮助学生理解心理边界概念及边界事件。通过切合主题的肢体暖身活动，引发学生思考，巧妙引出活动主题，可谓一举两得。

（二）主剧编演

1. 主剧创编

在本书中，所谓主剧是针对续剧而言的，是指课前师生一起创编的校园心理剧的"引子"，主要作用是呈现校园心理剧反映的具体问题情境和矛盾冲突，既引出校园心理剧主角的主要心理问题和困惑，又呈现出主角所遭遇的问题情境，但并不是一个完整的校园心理剧。主剧是基于课堂时间受限提出来的策略，一般要求主剧剧本简短明了，将主要的问题情境反映出来即可。例如，在主题为"初来乍到"的初中心理课例中，师生共同创编了以下主剧剧本：

　　小东是港湾中学刚上初中一年级的学生，开学第一周，发生在小东身上的各种大小事情让他感到非常不顺心。上课第一天差点迟到，踩着时间进教室被老师批评；上课忘记带课本；来不及记作业要求导致作业没做完，被老师视为不按时交作业留堂；上课问同学问题被老师误解而遭到批评；被同学起了外号"冬瓜"……小东心里有各种委屈，他该怎么办？

　　在上面的主剧概要中，呈现的问题情境是主角小东刚上初中一年级，不适应新的学校环境，不适应初中的学习方法，还被同学起外号"冬瓜"，所以他感到很苦恼，甚至对自己失去信心。

　　教师要在课前组建学生创编小组并指导学生创编剧本。那么，如何指导学生创编主剧呢？

　　（1）成立剧本创编小组。因为现阶段学生大部分时间和精力都花在应试科目的学习上，所以编写剧本的时间比较少，加上学生生活经历也不够丰富，单个学生要写出高质量作品比较难。所以，成立剧本创编小组，以团体的力量去编写剧本很有必要。小组成员可以就如何确定选题、如何编创等问题进行商讨。如果课堂时间充裕，可以在课堂上组织学生分组创编；如果课堂时间比较紧凑，创编活动也可以放在课前进行，作为课前的准备活动。创编心理剧的过程也是学生联系自身实际进行思考、发现问题的过程，对学生同样具有启发教育的意义。

　　（2）创编剧本要"从学生中来，到学生中去"。一旦确定使用校园心理剧这种技术，就必须明确辅导目标。常规的辅导目标可以分为两种：第一种是只有学生参加的校园心理剧，目的是预防学生心理问题的发生或者处理已经发生的心理问题；第二种是有家长参与的校园心理剧，目的是让家长认识到问题的存在，以便纠正自己某些错误的教育观念和行为。明确目标是剧本创编、实施的出发点，但无论是哪种目标，都离不开剧本的创编。剧本是基础，校园心理剧剧本制约着教育目的的达成。剧本是决定校园心理剧能否成功演出的关键，而剧本产生的前提是确定值得探讨的心理健康教育主题。

　　如何确定题材？主剧要呈现以某个主题为核心的学生典型心理问题情境，体现主角的心理冲突过程。主剧题材可以通过学生来访咨询案例或问卷调查、访谈等方式获得。此外，题材可以由心理教师和学生共同研讨得出，要反映学生中存在的主要心理困惑与问题，比如升学的适应性不良问题，还有诸如厌食暴食、经济困难、网络成瘾、校园欺凌、自杀等问题。总之，剧本的创编要做到"从学生中来，到学生中去"。

"从学生中来"是指校园心理剧主题的创作要直接来源于学生的实际生活，来自咨询室中的具体案例，反映他们关心的热点问题，目的在于解决他们在学习、生活当中出现的烦恼和困惑。剧本创作要从学生的实际需要出发，有明确的主题。剧本主题可以由以下途径得出：第一，可以是学生个别咨询案例。心理教师剖析前来咨询的学生案例中出现的种种心理问题，提炼出具有典型意义的事例或者对学生常见心理问题或典型心理个案进行归类，并按年级确定主题。第二，以问卷调查、访谈的形式向学生发起征集，要求学生提供自己最感兴趣或者目前比较困惑的问题，如生活、学习、交往中的冲突和烦恼等，以此来确定主题。第三，布置任务，把学生分成若干小组，通过小组讨论并投票得出主题。第四，通过校园心理剧主题征集比赛的方式，学生自愿申报主题。第五，紧跟社会热点，在热点时事中选取主题。第六，通过书籍、网络、报刊、学校学生资料库和班主任档案掌握学生动态，筛选确定主题。

以上是校园心理剧选题的基本方法，需要注意的是如果一些问题情境涉及个人隐私，一定要注意保密原则。剧本中的情节要做适当的处理，剧本中的人物均要做化名处理。

题目选好后，由心理教师与学生一起制定一个基本的剧情框架，对题材做进一步的处理，通过设置剧情冲突、塑造人物形象和加入戏剧语言等来编写剧本。我们一般鼓励在心理教师的指导下由学生编写剧本，或者由学生主创。低年龄段的学生没有能力创编剧本，可以由教师负责编写，但教师编写的剧本不应过于详尽，即不要把演员的每一个动作、每一句话、每一种神态表情都一一列明，这样不利于学生创造性的发挥。应该在一次排练以后，在教师对学生进行心理剧技术的讲解和指导当中，发挥集体智慧，由师生共同完成最终的剧本。

"到学生中去"是指确定剧本主题、编写完基本剧情框架及初稿后，要将剧本拿回给学生逐步充实并做修改，创造性地生成更多新情节。这样一方面可以发挥学生的创造性，提高其参与的积极性；另一方面，在情节创编过程中，学生有意识地联系自身问题进行自我反思、自我剖析，并寻求解决问题的途径。对学生而言，这是一次体验的机会，学生能在其中觉察、认识到问题的症结所在，并且理清自己与老师、家人、朋友和同学间的关系，这本身也是一个自我学习、治疗的过程。

另外，值得注意的是，剧本的创编不应该陷入在冲突、伤疤中成长、觉醒的怪圈，不应着力表现消极的方面，而应优先选取一些积极向上的、风趣幽默的素材，特别是宣扬对健康人格的塑造，使广大学生通过对正面角色的模仿获得健康的身心状态。

2. 主剧表演

主剧表演的方式有两种：第一，课前创编主剧剧本，课堂上呈现剧情概要文本或组织学生进行角色扮演；第二，课前创编并录制主剧表演视频，课堂上组织学生观看视频。主剧创编和表演的目的是创设问题情境，激发学生的探索欲望，为续编主剧做好铺垫。例如，在主题为"有赢有输才是人生"的初中心理课例中，主剧的呈现方式及表演活动如下：

（1）投影出示心理剧主剧内容概要：小学时的安琪学习刻苦，成绩优异。但进入初中以来，安琪最近两次测验的成绩都不理想，尤其是本次期中考试排名一下子下降了很多。她很沮丧，觉得自己的努力没有得到回报，因此学习上也没有以前上进了，开始自暴自弃……但最近与妈妈的一次谈话，使她逐渐认识到学习上的失败和挫折是很正常的，有赢有输才是人生，只要找到失败的原因，并坚持用心学习，就能进步。从此，安琪重拾了对学习的信心……

（2）教师投影出示引导学生思考的问题：安琪在学习上遇到了什么问题？具体表现是什么？她该怎么办？

（3）学生演员表演主剧，其他学生认真观看表演并思考投影中提出的问题。

（4）教师对演出学生进行鼓励，组织学生进行分享讨论。

本环节的设计意图是让学生通过角色扮演，真切地体验剧中主角在期中考试失败后内心经历的挫折感受，增强学生对挫折感的体验。通过对安琪遇到问题的困惑及其在剧中的表现进行思考，培养学生对挫折的认识能力和分析能力，并寻找积极的应对方式。

在这个环节，心理教师一定要注意学生在表演过程中的情绪状态变化。有些学生在表演时由于与校园心理剧中人物有相似的经历而触动其内心早期遭遇而造成情绪波动较大，如情绪非常激动甚至忽然哭泣起来，心理教师要及时关注并适时进行接纳和共情，对学生抱有同理心。如发生上述情况可以用下面的语言对学生进行情绪安抚，表达教师对学生的接纳、尊重和同理心。

（1）对于发生在你身上的事情，我觉得很难过。

（2）你现在安全了（如果这个学生确实是安全的）。

（3）我很高兴你和我在一起。

（4）我很高兴你正在跟我说话。

（5）这不是你的错。

（6）你的反应是遇到不寻常事件时的正常反应。

（7）你有这样的感觉是可以理解的。

（8）看到（听到、感受到）这些一定令人很难过（痛苦）。

（9）你现在的反应是正常的。

（10）可能事情不会这样，它会变得更好，而你也可以变得更好。

（11）你的想象会造成比事情原本的样子更可怕的现实。

主剧表演结束后，心理教师组织学生进行充分的讨论分享，为即兴续编校园心理剧做准备。

又如，在主题为"'明天'变形计——我能有效管理时间"的初中心理课例中，教师首先通过"时间困惑，我来猜"的活动用 PPT 呈现时间不够用的六年级住宿学生——"明天"的自述，并播放录音：

（周五）大家好，我是"明天"。又到周五了，真棒，我一定要一回家就把作业做完，周末两天好好犒劳一下自己！

折腾半天，好不容易回家了，实在太累，我只想躺着刷会儿手机，作业明天早起做吧。

（周六）呃，我这一周都起得比鸡早，算了，今天我要好好睡个懒觉。中午起床，老妈让我将这周带回来的校服和臭袜子洗了，我才刚起床呢，给老妈撒个娇，一会儿还得去做作业，您老帮忙洗一下吧。

（周日）妈妈在催我："明天，快点，要去学校了。"什么！这么快，我作业还没做完呢，我记得昨天做作业了呀，后来好像玩了会手机，再后来……我到底该怎么办呀，谁来救救我？

六年级的住宿生——"明天"同学，最近比较烦，因为他无论在教室、运动场、宿舍、家，还是在自习课上或考场上都遇到了时间不够用的情况……

教师：请大家猜一猜，"明天"同学遇到了哪些时间不够用的情况？

学生举手回答。

教师通过以上活动，让学生对"明天"这个角色有一个初步的感知，投射时间不够用的具体情况，便于接下来投入角色中。

接着，教师通过"人物烦恼，我来演"呈现主剧剧情。教师请学生将"明天"时间不够用的具体情形用定格画面的形式表演出来。学生运用肢体形态集体复制一个影像画面，从中具体呈现事件。定格后，教师拍拍参演学生的肩膀，请他们说出一句台词。

教师询问扮演"明天"的演员："当时间不够用时，'明天'会有哪些内心感受和需求？""明天"回答完，再问观众觉察到"明天"的哪些内心感受。

PPT 呈现"明天"的感受，见表 7 – 12。

表 7 – 12　"明天"的感受

忙碌	高效	紧迫	低落
充实	信心百倍	烦躁不安	挫败
应付自如	成就满满	焦虑	疲于应付
按部就班	惬意	盲目	毫无头绪
目标明确	精力充沛	回避	无聊

"人物烦恼，我来演"活动，为学生提供了一个旁观视角，使其自我觉察与体会时间不够用的情况。教师询问感受，促使学生和"明天"共情，与角色建立联系，为个别参演者提供一个反思的空间。

（三）续剧编演

续剧创演是"六环节"中最重要、最关键的环节。学生针对主剧中呈现的问题情境，通过小组协同合作、思维碰撞探究问题的解决方法，在主剧的基础上，合理发展出新故事。此环节，参演学生根据自己对剧情发展及所扮演角色的理解，进行自发性、创造性的演出并从中受到启发和教育。另外，根据班杜拉的学习理论，观演学生也能通过观察学习受到启迪。续剧编演是学生针对主剧呈现出来的问题情境进行即兴续编和演绎，要求各小组成员采取一定的应对方式解决主剧中当事人反映出来的心理问题和困惑，并把解决方法用即兴续编的形式表现出来。这一环节是学生根据自己的生活经验创造性解决问题的过程，也是小组成员进行思维碰撞、头脑风暴的过程，可以根据实际情况采用多种方式表现出来，比如可以采用表演的方式，也可采用口头叙述的方式等，但鼓励用校园心理剧续编并表演的方式呈现。由于课堂时间的限制，续剧一般不宜太长，要短而精，集中体现如何解决主剧呈现出来的问题。

我们在实际操作的时候让班上的两个剧团（A、B剧团）分别进行讨论并续编，然后每个剧团选择自己喜欢的方式将续剧呈现出来。这样既能激发学生内在的创编热情，也可以看到不同的剧团在创编和表演中展现出来的创造性解决问题的方式。例如，在主题为"'明天'变形计——我能有效管理时间"的初中心理课例中，教师通过"解决方案，我来找"的方式展开教学。

第一步，解决方案，我来找。教师穿上学生的校服入戏，化身为"明天"，请学生来帮"明天"解决时间不够用的问题，并小结在入戏环节学生现场提出的时间管理建议，归纳并板书。

第二步，时间锦囊推介会。教师暂时脱去"明天"的角色外衣，给每个小组分发一种类别的时间锦囊工具卡，小组讨论，请学生自主学习、了解该项时间管理工具，组织语言介绍该项时间管理工具的特点与优势。讨论结束后，每组派一名代表为教师扮演的"明天"同学推荐自己小组的时间锦囊并说明推荐理由。推荐之后，由教师扮演的"明天"给每个推荐锦囊的小组颁奖，比如最有创意介绍奖、最有效果奖、跃跃欲试奖。

此环节教师用"明天"角色澄清时间锦囊背后的目标动力，学生在助人的过程中学会自助。

总之，通过主剧的问题呈现和续剧的创编及表演能迅速聚焦学生心理问题，并通过角色扮演、角色转换、角色训练使学生在当下学习，能促进学生行为向着期望的目标转变。校园心理剧创编、续编及演出的过程就是学生创造力发展的过程，在校园心理剧的场景中，学生的生命活力得以滋养，其积极向上的力量得以激发。借助这种积极向上的力量对抗心理困扰、消除问题行为，学生可以建立起抵御挫折、心理创伤和障碍的预防机制。

（四）讨论分享

讨论分享是校园心理剧教学中的重要部分，有着非常特殊的意义。讨论分享指全体学生充分讨论与表达在编剧、演剧和观剧中所体验到的感受、想法与收获。此环节是校园心理剧"心理辅导"功能实现的关键，是团体宣泄情绪和经验整合的环节。教师在此环节要指导学生用真诚、温暖、尊重、支持、共情原则将自己内心的真实感受表达出来。在分享表达过程中，学生感觉自己被看到、听到及接纳时，就达到了舒缓压力、宣泄情绪和整合经验的目的，从而促进自身认知与行为的改变。表达感受可以用言语、表情演绎或动作定格的方式呈现。校园心理剧的教育和辅导功能是通过让学生体验与反思达到的，如果缺少充分的讨论分享，就会出现演归演、看归看的现象，校园心理剧的效能就会大打折扣。

在校园心理剧演出过程中，要强调台上和台下的互动。在每个阶段结束之后，就应开始进入非常重要的讨论和分享阶段，即演员之间、观众之间、演员与观众之间进行一种互动与情感交流，这是一个让团体可以充分进行情绪宣泄并且整合认知的过程。在讨论分享过程中，要侧重于个人情感的自然流露和表达，可以各抒己见，每个人或许会发现自己跟主角有或多或少的相似性。团体成员在讨论分享中宣泄自己的情绪，得到成员共鸣和情感的支持，这会使校园心理剧的作用得到更加完整地发挥。讨论分享应贯穿于校园心理剧的各个环节，这是一个增加经验、宣泄情绪的必要过程，很多时候讨论分享本身就是一种辅导，这也是校园心理剧与其他剧种的区别所在。

具体做法就是心理教师组织校园心理剧所有参与者（包括观众）发表自己的感受和感悟，相互交流角色扮演的体会，帮助当事人澄清问题或发表看法，互相分享经验以及心理剧对自己的影响，拓展校园心理剧演出效果。心理教师可以及时进行点评，深化学生的理解。教师要明确指出学生提出的一些空泛意见，并鼓励群体一同寻求方法，以促进个体在认知、情感和行为上的改变。注意不要站在旁观者的角度对剧情和剧中角色进行评价，或只是发表空泛的议论。讨论分享的形式可以是口头讨论，也可以是教师布置学生写观后感和演后感，以加深学生的记忆。

校园心理剧讨论分享的时机有两种：一种是在整个校园心理剧演出完毕后总体进行讨论分享，这样的好处是可以保持整个剧情的完整性；另一种是在每个环节结束后进行，如在主剧演出结束、在续剧演出结束后都可以根据需要开展讨论分享，这样的好处是具有即时性和针对性。那么讨论分享应该从哪些方面展开呢？校园心理剧分享的内容很广，也有多方面的切入点，可以围绕剧情的某个方面、某个人物展开，如：主角遇到了什么问题？他的感受是怎样的？他这样的应对方式正确吗？你遇到过类似的问题吗？也可以根据讨论分享中生成的话题展开。例如，在主题为"清官难断'家务事'——我能让家更美好"的初中心理课例中，教师通过运用"4F"动态反思方式指导学生进行讨论分享。教师提问以下几个问题：

（1）朱家发生了什么事？（事实）

（2）他们有怎样的感受和想法？（感受与想法）

（3）他们是怎样解决冲突的？还可以怎么做？（发现）

（4）我们该如何对待家务？（将来）

教师通过使用"4F"动态反思方式讨论分享，帮助学生脱离故事角色，回归自我，将课堂体验转化为内省经验智慧，为学生赋能。

（五）自我审视

自我审视阶段是参演和观演学生在教师指导下回归自我进行深度反思、获得自我成长的过程。教师使用"去角色化"技术，使扮演角色的学生从"剧中人"回归"现实我"，启发全体学生推及自身，联系自身实际进行自我觉察、自我反思、自我探索。此外，教师还要引导学生将本次辅导中获得的积极应对方法以及通过体验学习和观察模仿习得的有益经验迁移到日常生活与学习生活中，达到学以致用的目的。这个部分也是学生通过校园心理剧完整的辅导过程由人推己、自我察觉的过程，是学生自我思考、自我发现和自我整合的过程，可促使学生联系实际审视以下两个问题：第一，自身是否有剧中反映的类似问题或经历？第二，如果你是剧中人，你打算如何应对？

例如，在主题为"父母与我"的初中心理课例中设计了一个自我审视环节，教师可以引导学生反思、自评家庭亲子关系和学习环境状况。PPT 呈现如下内容，学生根据自己的实际情况进行判断，符合的打"√"，不符合的打"×"。教师可以统计班级的整体情况。

（1）我的家人会在学习上给我鼓励和帮助。（　　　）

（2）家里人在安排活动时会优先考虑是否会影响我的学习。（　　　）

（3）我家里最高兴的事是我取得好成绩。（　　　）

（4）家人对我的好朋友都很了解。（　　　）

（5）我觉得自己的家庭是一个非常和睦的家庭。（　　　）

（6）我父母愿意竭尽全力为我提供好的学习条件。（　　　）

（7）我常担心考试成绩不好被父母责罚而努力学习。（　　　）

（8）考试获得好成绩时我希望爸爸妈妈赞扬我几句。（　　　）

（9）父母希望我上重点高中（重点大学），这让我很有压力。（　　　）

（10）在家里是否有吵得你无法学习的情况？（　　　）

此环节以问卷调查的形式促使学生进行自我察觉。学生根据以上问题反思自己家庭环境方面存在的问题，引领学生对亲子关系问题进行更深入的探索。

又如，在主题为"认识我的心边界——我能守护彼此边界"的初中心理课例中，教师通过"审视清单"指导学生与自身联结。

教师："通过本节课的学习，关于自己的心理边界，你探索到了什么？请同学们结合自我审视清单，逐项描绘其与自己相符合的程度。"（越符合，涂色的♥越多）通过自评式省察，促使学生觉察自己心理边界的范围和灵活性。

审视清单	符合程度
（1）我发现自己有时会无意触碰别人的边界	♡♡♡♡♡
（2）我发现自己是一个心理边界感比较清晰的人，会考虑到他人的边界	♡♡♡♡♡
（3）我发现我的心理边界比较明晰，当别人触碰我的边界时，我会告诉他	♡♡♡♡♡
（4）当他人触碰我的心理边界时，以前我不知道该如何应对	♡♡♡♡♡
（5）我的心理边界比较灵活，和我不同亲密度的人我会区别对待	♡♡♡♡♡
（6）不论身边的人和我关系如何，我都一视同仁	♡♡♡♡♡

（六）师生寄语

辅导结束后，教师要指导学生将本次活动中获得的感受进行总结提升。学生可以将感受凝练成一句话或一幅图，使课堂留痕及思维成果显性化。教师对辅导活动进行总结提升，并汇集与本次活动主题有关的名人名言或者哲理名言，作为激励学生的智慧泉。例如，在主题为"考后心涟漪"的初中心理课例中，教师运用心理工具"涟漪卡"指导学生凝练收获：让各组学生选择一张自己喜欢的涟漪卡，联系本次课程主题，说说选这张卡片的原因，然后将卡上积极、充满能量的语言写在圆形小组分享卡上，师生共同完成寄语，为自己和他人赋能。这种课堂留痕方式不仅在师生之间、生生之间建立了一种生命联结，还深化了辅导主题。

二、校园心理剧教学"六环节"模式不能生搬硬套，应根据实际情况灵活运用

以往校园心理剧多运用于心理健康知识宣传教育等课外活动，并没有进入心理健康教育"主渠道"——课堂教学。究其原因，一方面是校园心理剧作为一种新生事物，其功能和价值还未得到充分认识与发掘；另一方面是一线心理教师缺少在课堂上灵活应用校园心理剧的实务操作指引。

本研究中的校园心理剧教学模式是基于课堂应用背景下时间制约因素提出的策略。校园心理剧教学"六环节"模式具有一定的实效性和可操作性，为一线教育工作者在心理课堂科学有效地运用校园心理剧开展辅导提供了具体操作模式和策略。但校园心理剧教学"六环节"模式应根据课堂具体情况采取不同策略

灵活运用。比如，如果主剧部分的创编、表演及讨论用时比较长，可以将六个环节进行拆分，用两课时完成。即在第一课时完成暖身活动→主剧编演→讨论分享的环节，然后在第二课时继续完成续剧编演→讨论分享→自我审视→师生寄语的环节。校园心理剧"六环节"教学模式并不限制在40分钟内完成，各环节顺序可以根据教学内容和环节需求做适当调整。

校园心理剧教学"六环节"模式具有在中小学心理课堂推广的应用价值。研究成果推广的过程中，区内50多名中小学心理教师将校园心理剧教学"六环节"模式迁移到情绪调控、人际交往、青春期教育、生命教育、校园欺凌等专题辅导活动中，开发出70多个运用校园心理剧教学模式的专题课例，收到了良好效果。

三、校园心理剧教学"六环节"模式促进课堂转型，提升育人实效

首先，促进课堂转型。校园心理剧活动过程符合"能动学习"范式特征：以学生为主体，贯彻学生主导，即"学生自编、自导、自演"的运行逻辑；学生在教师指导下聚焦问题情境，并通过小组协作方式探索解决心理问题的方法；通过校园心理剧的创编、排演和讨论分享过程自我体悟和自我反思。由此可见，校园心理剧彰显了学生的主体性，具备能动学习实践需要的三大要件：探究性学习、协同性学习、反思性学习。校园心理剧教学"六环节"模式促使校园心理剧与心理课有机融合，构建了充满生命活力的"能动学习型"心理课堂。校园心理剧主题取材于学生现实生活中的典型案例，满足了学生解决自身心理困扰和自我成长的需求，从根本上调动学生参与活动体验的积极性，促使学生从"被动学习"转向"能动学习"，构建积极型高效课堂，丰富校园心理剧的实践研究成果。

其次，促进学生核心素养发展。校园心理剧教学"六环节"模式以正向接纳和支持的态度为学生提供了一个自我成长的平台，促使课堂从"知识本位"转向"素养本位"。学生在创编、续编、表演、讨论分享等过程中，不仅锻炼了创作、表达、沟通及人际交往能力，还培养了自我察觉、自我反思、自我探索甚至自我改变的能力，从而促进了自我教育和自主发展，以及核心素养的发展。

最后，实现寓教于剧。校园心理剧教学"六环节"模式实现了寓教于"创编、续编、表演、观剧和评剧"。校园心理剧教学"六环节"模式，将各种学习生活适应不良问题搬上舞台。通过主剧创编及表演迅速聚焦学生适应不良问题。校园心理剧创编、续编及演出过程就是激发学生思维碰撞、自发性解决自身问题的过程。在校园心理剧场景中学生的生命活力得以滋养，积极向上的力量和潜能得以激发，从而可以积极看待学习生活中出现的各种不适应问题，并利用在辅导中习得的方法进行自我调适，最终解决学习生活适应不良问题。实现寓教于"创编、续编、表演、观剧、评剧"，达到情绪、认知、行为三个层面的矫正，促进学生核心素养发展，实现积极成长。

第四节　发展：课—剧融合的具身教学模式构建

具身认知是第二代认知科学研究的新取向，其核心观点认为身体在认知过程中发挥着关键作用，认知是通过身体的体验及其活动方式而形成的。具身认知视角下的具身学习需遵循具身性、情境性、体验性及生成性原则。项目组基于具身认知理论提出"课—剧融合"教学理念，将校园心理剧应用于心理课主题教学，构建了课—剧融合之"六环五阶"具身教学模式。该模式旨在建立具身教学新范式，促进学生知情行统一协调发展，提升心理课育人实效。

一、具身认知为反思和重构心理课教学模式提供了新思路

传统认知心理学沿袭了身心分离的二元论传统，视心智为独立于身体感觉运动系统的抽象符号信息加工，视学习过程为一种不需要身体参与的、可以"离身的"精神训练。传统认知理论使得心理课堂学习环境深陷"离身"困境：教学过程"去情境化"，教学活动缺乏深层体验性及互动生成性等，导致心理课实效低，育人效果差。

20 世纪 80 年代第二代认知科学开始兴起，其核心思想强调心智的具身性，认为身体在认知过程中发挥着关键作用，认知是通过身体的体验及其活动方式而形成的，认知、思维、记忆、学习、情感和态度等是身体作用于环境的活动塑造

出来的，即认知、身体、环境组成一个动态的统一体。

具身认知理论颠覆了传统以身心二元论为基础的教育观，促使当今教育教学对学生身体的参与越来越重视，产生了"身心一体"的新型学习方式，即具身学习。具身认知视角下的具身学习应遵循具身性、情境性、体验性及生成性原则，教学过程应转向"以学生身体参与为主体的、相互对话的、交互生成的以及直面生命的教学形态"。具身认知为破解传统心理课教学困境、反思和重构心理课教学模式提供了新思路。

二、校园心理剧为构建心理课具身教学模式提供了实践路径

校园心理剧是通过师生共同创编演的方式，将学生在实际生活中遇到的典型的心理困惑或者发展性问题演绎出来，从而促使当事人发现其中的主要问题，并能自己解决问题或者在参与者的协助下解决问题的一种心理健康教育方式。校园心理剧兼有戏剧的特点，可以运用戏剧教学法开展演出活动。

校园心理剧活动过程符合具身认知的特征。第一，具有具身性特征。校园心理剧活动过程特别重视身体参与及身体力行，其以师生身体作为教学媒介，在表演中形成具身学习，可以说通过身体进行学习的具身认知方式凸显了校园心理剧独特的教育价值。第二，具有情境性特征。校园心理剧是一种情境学习，师生通过角色扮演等重现心理冲突事件，创设了一个仿真的问题情境，构建了具身学习环境，促使学生在"情境仿似"的情节中沉浸式学习。第三，具有体验性特征。校园心理剧通过师生自主创编演等形式，让学生在活动中进行心理认知模拟学习，从而构建身体经验，其实质是一种体验式学习。第四，具有生成性特征。校园心理剧不是按照预设的剧本进行表演，而是师生探究与建构故事情境，并运用即兴扮演创造意义推动故事进一步发展、探讨某个主题的活动。师生通过多维互动展开身体和语言交流，经过体悟反思后会引发更多的探讨、解析，从而生成新的认知和实践。

校园心理剧作为一种教育载体，与具身认知相契合，为构建心理课堂具身教学模式提供了实施路径。

三、构建课—剧融合之"六环五阶"具身教学模式

（一）中学课—剧融合具身教学模式

项目组依据具身认知理论，提出课—剧融合教学理念，将校园心理剧作为教学载体应用于心理课堂，促进心理课程教学与校园心理剧有机整合，通过运用角色扮演等戏剧方法开展主题教学，实现课程教学目标。经过近十年的探索，构建了课—剧融合之"六环五阶"具身教学模式（见图7-2）。

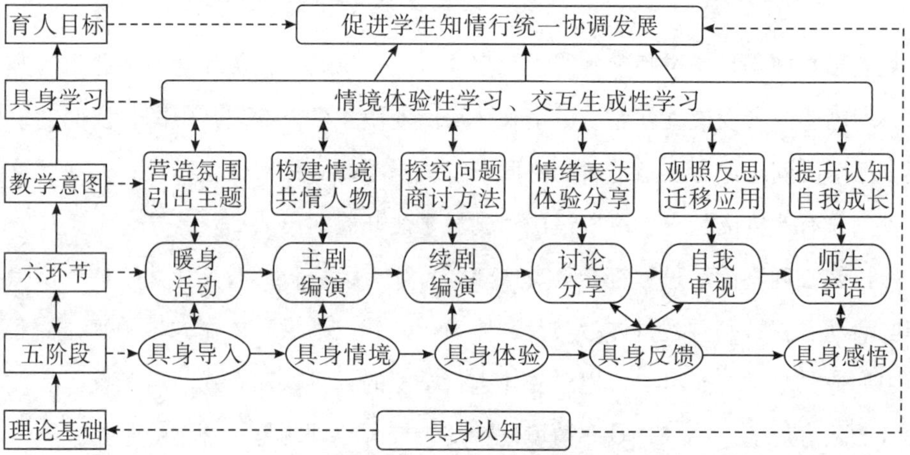

图7-2　课—剧融合之"六环五阶"具身教学模式（中学）

课—剧融合具身教学模式以学生为主体，将课堂教学流程划分为六个环节，分别是暖身活动、主剧编演、续剧编演、讨论分享、自我审视和师生寄语。六个环节对应着教学过程的五个阶段，即具身导入、具身情境、具身体验、具身反馈和具身感悟。"六环节"是课—剧融合具身教学模式的核心及主线，而"五阶段"则是辅线，通过校园心理剧的"六环节"教学活动的逐层深入，逐步完成五个阶段的具身学习任务，构建了具有情境体验性和交互生成性的心理课教学新范式，实现了对传统心理课堂的改革。中学课—剧融合之"六环五阶"具身教学模式实施策略在本书第八章第二节中有详细阐述。

（二）小学课—剧融合具身教学模式

小学阶段是学生学校生活的初始阶段，上好心理课对小学生良好心理素质的

培养、健全人格的形成起着重要的促进作用。然而，从课程地位来说，心理课一直作为学校课程或者地方课程开设，缺乏明确的课标指引，存在内容多样但零散，系统性、逻辑性不强的现象。在课程实践中，由于缺乏统一的教材、专业教师缺口大、兼职教师多、心理课课时不足、心理课内容停留在理论或知识层面等原因，导致心理课教学效果参差不齐，难以走进学生的内心。项目组在校园心理剧教学"六环节"教学模式应用策略的基础上，根据小学生的认知特点，构建小学心理课"绘本＋戏剧"具身教学模式（见图7-3）。绘本画面精美、语言精练、图文并茂，能够迅速引起学生的兴趣，符合学生的认知特点和发展规律。另外，绘本题材丰富多样，蕴含着深刻的主题和内涵，既贴近孩子的世界，又能引起孩子的共鸣。"绘本＋戏剧"具身教学模式立足小学生身心特点，设计绘本戏剧心育课程，探索绘本戏剧心育课的具体实施模式，可以满足一线教师的使用需求，具有很强的现实意义。

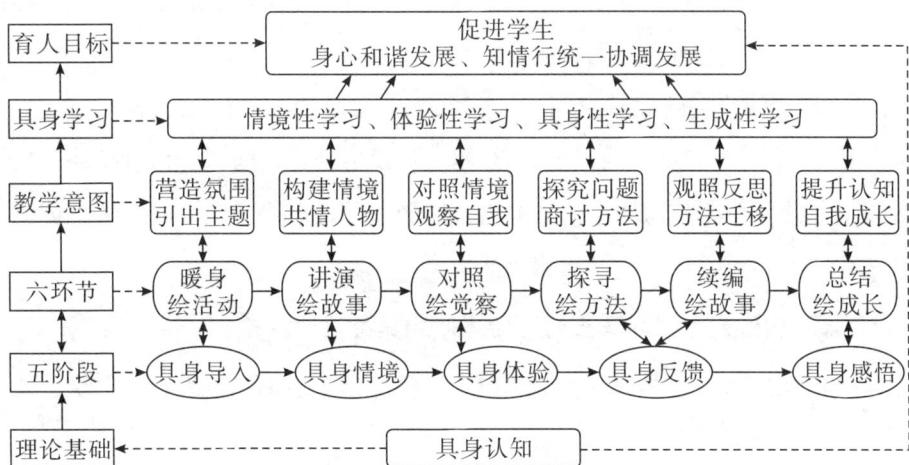

图7-3 课—剧融合之"六环五阶"具身教学模式（小学）

1. 绘本戏剧心育课概述

绘本戏剧心育课，顾名思义，就是以绘本戏剧范式作为载体的心理课程。"每一本优秀的绘本就是一件艺术品"，绘本以其精美的画面、充满童心及富有寓意的语言、短小精悍却寓意深刻的故事情节引起学生强烈的好奇心，激发学生的求知欲。小学生正处在具体逻辑思维阶段，具象的画面和故事能够迅速让学生沉浸其中。在教师的引导下，学生在解读故事人物、体悟人物感受和行动的过程中能够自觉融入个人经验，从而调整认知，习得行动方法和方向。在此基础上，学生通过戏剧的范式演绎绘本的故事，在问题情境中实现具身学习。

2. 绘本戏剧心育课的绘本选编原则

（1）遵循身心发展规律。不同年龄段的小学生的认知发展水平不同，低年段的学生的无意注意占主要地位，因此教师宜挑选色彩鲜明、篇幅较短的故事，以绘本阅读为主，带领孩子品味故事。中年段的学生的自我意识开始逐渐发展，因此教师宜呈现道德两难或情感两难的故事，多用"为什么"来引导学生思考、想象、猜测，从而培养学生的发散性思维。而高年段的学生的抽象逻辑思维逐渐发展，自我意识达到了一个新的水平，这时候选择的绘本内容深度要提高，并且要更多地关注学生的真实感受。

（2）贴近学生生活实际。绘本的取材广泛，涵盖了生活的方方面面。借助绘本里的角色，学生可以没有心理压力地思考、讨论、反思自身，真情演绎并进行自我教育。为此，选择和学生生活事件高度吻合或者聚焦发展学生核心素养的绘本，可以有效地达成教师的教学目的。

（3）有创编改编的发散空间。心理课特别强调学生的体验感和参与度。教师选择故事情节丰富饱满、有悬念的绘本，可以借助巧设问题、角色扮演、教育戏剧等方法带领学生体验绘本人物的内心感受，并且根据课堂生成改编、创编或者续编绘本，提升学生的思辨和感悟能力。

3. 课—剧融合之"六环五阶"绘本戏剧具身教学模式

项目组在校园心理剧教学"六环节"模式应用策略的基础上，构建了课—剧融合之"六环五阶"绘本戏剧具身教学模式。

（1）暖身绘活动。暖身活动是打开学生心灵之门的钥匙。选择简单活泼又与课堂主题贴近的活动进行热身，比如歌曲、小游戏、绘画等，不仅可以吸引学生的注意力，还可以活跃课堂氛围，营造具身环境。在《菲菲生气了》绘本戏剧心育课程中，教师通过"生气温度计"开展暖身绘活动。教师介绍游戏规则：不同温度对应不同的情绪温度，当你看到老师出示的不同温度的温度计时，请你做出对应的表情和动作（0°——捂嘴笑；10°——抿嘴，一只手撑脸；20°——皱眉撇嘴；30°——起立叉腰嘟嘴；40°——双手抱在胸前哼一声）。本节课通过肢体动作、面部表情等，具身导入主题绘本《菲菲生气了》。

（2）讲演绘故事。教师对绘本深入而准确的挖掘是绘本戏剧心育课程的前提和保障。基于课前教师对绘本的仔细分析及解构，课上以绘本故事的走向或者绘本主角心路历程的变化为主线，借助提问、角色扮演、情节推敲等方式构建具身问题情境，引导学生深入体验，共情绘本人物，从而释放自身共有却被压抑的情绪，促使学生寻求改变的内在动机。

例如，在《菲菲生气了》课例中，菲菲正在玩玩具熊，在她玩了很久后，姐姐走过来也想玩，于是妈妈让菲菲将玩具熊让给姐姐玩，随后因为玩具熊被姐姐抢走，菲菲非常生气，她用"踢打""尖叫""砸东西""咆哮"等方式发泄自己的不满。教师指导学生通过讲解绘本故事帮助学生与人物共情，让学生在体验中感受主人公生气的情绪。然后请各组学生用角色扮演的方式将绘本中菲菲生气的情境演绎出来，构建具身问题情境。

（3）观照绘觉察。此环节是通过小组讨论和小组合作等方式从绘本中的人物回归现实"我"，并进行观照反思的过程。例如，在《菲菲生气了》课例中，教师引导学生对照菲菲生气的行为，回顾现实中自己生气时的行为方式。教师问："你最近一次生气的时候发生了什么？你是怎样表达你生气的感受的？"并引导学生通过身体定格的方式具象呈现，从而帮助学生进行具身反思。

（4）探寻绘方法。在此环节中，教师指导学生探讨问题、共商解决方法。例如，在《菲菲生气了》课例中，通过小组的探究分享，学生能够发现原来生气是一种很普遍的情绪，了解生气时人们总是容易被情绪蒙蔽，无法理智地处理问题，引导学生从生活中发掘自己的情绪处理妙招，并找到最适合自己的好方法。在课堂讨论中，学生分享了"离开让自己生气的环境""做发泄情绪的运动""哭一会""转移注意力做自己喜欢的事情"等方法。

（5）续编绘故事。此环节教师指导学生续编绘故事结局，加深角色在脑海中的印象，也能够增强学生的胜任感和掌控感。动态的绘本结局更是给学生留下了足够的回味空间，增强了心理课堂的趣味性。例如，在《菲菲生气了》课例中，教师提问："你觉得这些方法对菲菲有用吗？请分组将你觉得最有效的方法加入故事中来帮助菲菲。"学生分享并分小组进行展演。

探寻绘方法和续编绘故事两个环节均调动了学生的身体要素参加活动，实现了具身体验。

（6）总结绘成长。在此环节中，教师指导学生将本节课的所思、所想、所悟用关键词进行提炼总结，并将收获的内容通过肢体动作和表情等身体要素进行呈现，实现"我有我收获"的效果。例如，在《菲菲生气了》课例中，教师请各小组讨论，用集体雕塑的形式将本课的收获呈现出来，实现具身感悟。优秀的绘本蕴含着心理健康教育的丰厚资源。教师带领学生走进绘本、解构绘本、体验绘本和创编绘本，和学生共同畅游在趣味盎然的绘本世界中，并指导学生用戏剧范式进行演绎，实现具身学习，不仅实现了一次积极的课堂实践，更是构建了温暖温馨的心理能量场，促进师生共同成长。

课—剧融合具身教学模式促使小学心理课教学方式发生转变，促使教师开始注重具身要素的应用。实际上，教师的一颦一笑、一言一行，都能深刻影响学生的学习。教师利用多媒体、视觉、听觉等方式，创造多样的感觉体验，使得教学方式由单一的"听中学"转向重视体验的多感官参与学习，提高了学习效果。课—剧融合之"六环五阶"具身教学模式破解了传统心理课堂的"离身"困境，打造了心理课教学具身新范式。

四、课—剧融合具身教学效果评价

课堂教学评价具有导向功能，能够促进课堂教学改革。以下是项目组制定的心理课教学效果评价反馈表（见表7-13），特别重视具身要素在活动中的运用。

表7-13　课—剧融合具身教学效果评价反馈

维度	指标	学生自评	小组互评	教师点评
参与度	课堂发言			
	小组讨论			
	小组展示			
	具身学习（角色扮演等）			
生成性	认知上有新的收获			
	情感上有共鸣			
	策略可以解决实际问题			

请学生根据实际情况用星星进行评分，五颗星星代表"非常满意"，一颗星

星代表"进步空间很大"。

综上，课—剧融合促使课堂从"离身"向"具身"转型，以"寓教于剧""寓教于乐"的教育理念使课堂焕发生命活力，促进学生核心素养的发展，促进学生知情行统一协调发展，是立德树人的区域创新实践。

第五节　推广：课—剧融合的区域心理课程建设

项目组在前期研究基础上，探索课—剧融合具身教学模式在区域学习适应力课程及积极生命力课程中的应用，推动区域心理课程体系建设（见图7-4）。

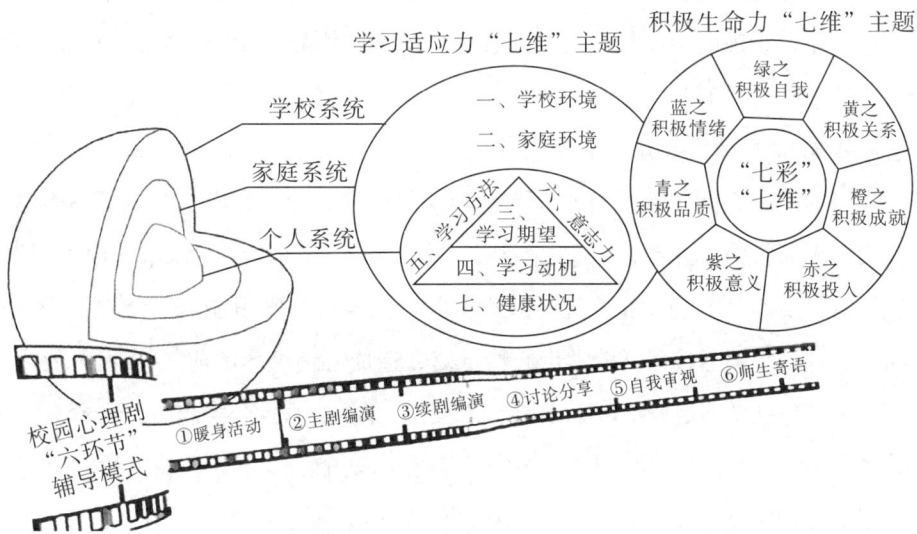

图7-4　课—剧融合区域心理课程体系建设

一、运用课—剧融合具身教学模式，构建区域"七维"学习适应力课程体系

学习适应性是个体克服学习困难取得较好学习效果的能力倾向，是学生核心素养发展的重要内容，对学生学业成绩、身心健康发展都起着重要作用。处于中小学衔接关键期的初中新生普遍会产生学习适应不良问题。项目组基于核心素养理念及时代立德树人需求，开发了初中新生"七维"学习适应力课程，创新应

用校园心理剧教学模式。从课程建设和教学方法两条路径，促进学生核心素养的形成和发展，提高初中新生学习适应能力。

（一）课程开发背景

处于中小学衔接期的学生身心发展正处于半幼稚半成熟的过渡期，整体身心"在矛盾和不平衡中快速发展"，心理发展严重滞后于生理发展，发展不平衡导致其的理性选择能力和自主控制能力也不够强。他们的价值观、交往能力和策略、思考问题的方式和水平、应对自己心理问题的能力等尚停留在相对幼稚阶段。正是由于身心发展的特点和局限性，导致学生升入初中后，面对学习环境变化、学习科目增多、人际交往冲突、学习成绩下滑、学业竞争加剧等社会应激事件时，无法积极有效应对和解决相关问题，从而引发学习动机不足、学习自信心受挫、自我评价降低、情绪消沉低落等系列心理和行为问题。

近几年，叠加新冠疫情暴发及防控的影响，初中新生学习适应不良问题更加突出、复杂，更具时代特征。疫情严重时期学生居家隔离上网课，疫情缓解后又要适应线上和线下学习方式的频繁交替变化等，这对学生的学习态度、学习习惯、学习策略、人际关系及身心健康都带来了巨大的冲击和影响，也对学生学习适应力提出新挑战、新要求。调查表明，疫情居家期间由于网课学习时间过长，不仅影响学生心理行为发育，还导致学生学习兴趣以及学习能力下降、行为冲动等问题。疫情缓解返校后部分学生心情低落，造成心情低落的前三位原因分别是：学习相关（包括学习成绩下降、学习压力大、上课注意力不集中）占 36.85%、人际关系占 14.60%、家庭原因占 8.10%，甚至出现个别学生厌学和拒学等问题。

综上，初中新生学习适应不良问题凸显，开发系统培养学习适应力课程迫在眉睫。

（二）课程总体目标

1. 理论依据

基于核心素养构建学习适应力课程总体目标。在正式公布的 2016 年中国学生发展核心素养体系总体框架设计中，以培养"全面发展的人"为核心，从文化基础（学科性）、自主发展（自主性）、社会参与（社会性）三大维度，凝练出六大素养，即人文底蕴、科学精神、学会学习、健康生活、责任担当、实践创新等。目前，发展核心素养已经成为新时代教书育人的重要方向和目标。钟志农在《心理辅导课的内容设计要融入心理核心素养》一文中对心理核心素养进行了阐述，他认为在三大维度中自主发展处于核心地位，其中学会学习为学科关键能力的发展提供了智力保障，而健康生活则为学生的社会发展奠定了人格基础。因此可以将自主发展视为个体内在的心理素养内核，即学生发展的内隐性心理核心素养。钟志农指出《中国学生发展核心素养》为中小学心理辅导课的内容体系"提供了一个高屋建瓴的理论导向""一种前所未有的设计思想"，并进一步提出心理课要紧扣学生发展关键期，在"学生智力品质和社会化成熟度"两个方面自然融入核心素养。初中新生正处于中小学衔接关键期，心理核心素养应该在心理课体验活动中逐步形成，与综合基础教育课程共同培育核心素养，使学生逐步形成适应个体社会发展和终身发展所需要的必备品格与关键能力，包括学法适应、自我监控、反思调节、心理韧性、问题解决、责任担当、健康人格等。

2. 实践基础

基于区域学生学习适应力现状构建课程内容体系。项目组选用华瑞人才测评公司学习适应性诊断量表《中学生学习适应性测验》对初中学生进行问卷调查，根据统计数据分析学生在学校环境、家庭环境、学习期望、学习动机、学习方法、意志力、健康状况七个维度的学习适应性水平并进行客观诊断；召开学生、家长、行政领导、心理教师、科任教师及班主任等不同群体的座谈会，从个体、家庭、学校多角度调研适应不良问题的现状及成因，为建构学习适应性课程提供学情依据。

3. 总体目标

基于学生发展核心素养理念、区域初中新生在七个维度的适应状况，构建"七维"学习适应力课程内容体系。确立课程总体目标：使学生认识了解初中阶段学习环境变化、人际关系变化与学习要求变化，理解学习意义，尽快适应学习；明确初中阶段学习目标，发挥主观能动性和自我内驱力，树立学习自信心，培养心理韧性和抗挫力，积极努力实现预定目标，从而实现自主发展。课程终极目标是培养初中新生形成适应个人终身发展和社会发展的核心价值观、必备品格和关键能力。

（三）课程设计与实施

1. 课程设计

（1）搭建结构，让条理更清晰。本课程以促进初中新生学习适应力为主线，以学习适应性七个维度为辅线，以发展学生核心素养为重点。整体内容共分 7 个专题和 35 个具体课程，每个专题 5 课时，具体"七维"学习适应力课程内容见表 7 – 14。

（2）组合发力，让内容更有效。即课程内容和区域学校整体活动结合起来，使课程更具张力。可以在每个专题最后设置创意活动课（1 课时），与教师节、军训活动、学校科技节、才艺展示、家长会等活动结合进行实践拓展，通过交互型的学习活动更好地实现教学目标。例如，学校环境适应专题创意活动可结合 9 月份教师节活动组织学生采访教师，请教师介绍自己的成长故事或给教师画像等。通过创意活动，促进教师和学生之间的深度情感链接与情感交流，促进良好师生关系的建立。

表 7 – 14　课—剧融合区域"七维"学习适应力课程内容

七维	专题名称	专题目标	课程主题
学校环境	转变角色，拥抱初中生活	1. 了解初中学习环境变化，积极主动适应 2. 学会建立良好的师生关系、同伴关系	1. 初来乍到相见欢 2. 我与老师的故事 3. 探索我的"心"边界 4. 宿舍风云 5. 创意活动：教师节采访教师，给教师画像
家庭环境	协同家校，建设亲子关系	1. 认识良好的亲子关系可以促进身心健康和学业进步 2. 掌握营造良好家庭学习环境的方法	6. 不愿上学的蹦蹦 7. 关于手机的那些事儿 8. 我会分担家务 9. 沟通让家暖人心 10. 创意活动：邀请家长观看亲子心理剧

（续上表）

七维	专题名称	专题目标	课程主题
学习期望	明确目标，发掘学习潜能	1. 树立理想，明确初中三年短期和长期的学业目标 2. 能积极发掘自身优势和学习潜能	11. 向上·向善·向未来，升级优质人生 12. 目标的力量 13. SMART 之梯 14. 积极应对优势潜能中的挑战 15. 创意活动：邀请优秀校友分享成长故事
学习动机	激发动机，增强自我效能	1. 理解学习的意义，激发学习内驱力 2. 提高学习过程的自我监控能力	16. 为谁而学习？ 17. 自信心灯塔 18. 我的学习动力电池 19. 多彩生命线 20. 创意活动：邀请优秀家长分享成长故事
学习方法	掌握方法，提高学习效率	1. 养成良好的学习习惯，发展学习能力 2. 学会管理时间，提高学习效率	21. "分心"有解，学会专注 22. 合理分配学习和娱乐时间 23. 开发大脑潜能 24. 有备而考 25. 创意活动：邀请学科老师介绍学法
意志力	培养韧性，提高抗挫能力	1. 了解顺境和逆境的关系，正确看待挫折 2. 培养坚韧性、耐受力	26. 有输有赢才是精彩人生 27. 三分热度七分炼 28. 延时满足分步达 29. 发现挫折里的亮光 30. 创意活动：军训故事会
健康状况	注重调适，促进身心健康	1. 理解生命健康的重要性 2. 掌握积极调适及管理情绪的方法和技能	31. 如果身体会说话 32. 我能应对考试焦虑 33. 考后"心"涟漪 34. 正念冥想助心康 35. 创意活动：幸福三件事情分享

2. 课程实施

（1）课程管理。由区域教研机构管理课程实施，统一将课程安排在初中一年级上学期，每周两课时。

（2）教学方法。为充分挖掘学生潜能，实现学生自我教育和自主发展，课程采用校园心理剧教学方法（创意活动除外），构建以问题为导向、以学生为主体的活动体验型心理课堂，并通过课—剧融合之"五心"环节实施。

①创编"心"剧本。学生成立校园心理剧创编团队，在教师指导下将"七维"学习适应力课程中的每个课例（见表7–14）主要反映的学习适应不良典型问题创编成剧本。

②演绎"心"故事。教师指导学生通过角色扮演、角色互换、内心独白等方法进行演出，将主剧呈现的问题情境表演出来，其作用是创设类似真实的心理问题冲突情境，引发学生关注与思考。

③解决"心"问题。学生针对问题情境，通过小组协商、思维碰撞等方式创造性地提出解决各类学习适应不良问题的思路和方法。

④分享"心"感悟。教师组织学生就某个话题展开深入讨论，分享在创编、表演、观剧过程中的所思所想所悟。

⑤改善"心"状态。学生在心理剧创编、表演、分享过程中释放了内在紧张情绪，缓解了压力，从而促进心理平衡。学生将辅导中获得的经验进行迁移，解决自身实际问题，学以致用，促进自我成长。

（3）课程评价。课程遵循心理辅导课自身的特点和规律，采用定量分析与定性分析相结合的方法，主要采取多主体、多元化发展性评价方式。

首先，通过前后测数据对比分析课程实施效果。课程实施结束后对参加课程实验的学生进行《中学生学习适应性测验》后测，比较前后测数据是否差异显著，进行定量分析。

其次，邀请教师、家长对课程效果进行评价。走访学科教师、班主任，了解学生上课注意力表现、学习兴趣、课堂听课发言、作业完成、学业成绩等情况。设计相关评价表，教师和家长填写评价。

最后，可以结合学生参加课程活动的综合表现进行过程性评价，比如结合创编与表演、讨论分享、学案表现等情况进行过程性评价。

（四）课程实施效果与成果

初中新生"七维"学习适应力课程是基于核心素养理念并紧扣区域学生学习适应性实际需求进行开发和设计的，以校园心理剧教学模式实施，取得了较好的效果。

（1）建构了"七维"学习适应力课程，促进了学习适应能力的提升。通过课程实施，促进了初中新生学习适应能力的提升。学生经过系统课程学习，激发了学习潜能，发展了意志力等非智力因素。学生适应了初中阶段的学习要求和学习方法，能对自我学习过程进行监控并及时反思调节，掌握调适情绪的方法，提高了心理韧性和抗挫力。随着学习适应能力提高，学生学习适应不良问题得以改善。

（2）"七维"学习适应力课程形成了具有区域特色、与时俱进的区本课程。"七维"学习适应力课程作为实验学校校本课程建设始于 2012 年，至今开发历经十来年，形成了包括文字素材、教学设计、系列微课、课堂实录在内的区本课程体系，为心理教师、班主任、学科教师及家长提供了培养初中新生学习适应能力的系统课程。课程内容不断更新，与时俱进。例如，疫情暴发以来亲子冲突问题凸显，在家庭环境专题方面及时做了内容及教学方式调整，增加了亲子关系主题及创意实践活动，邀请家长走进课堂观摩亲子关系校园心理剧《父母与我》，家长从观剧活动中受到教育和启发，从而改善亲子关系，激活家长心育思维，改善家庭成长生态及家庭功能。

（3）"七维"学习适应力课程实施效果较好，获得了较高的评价。课程以校园心理剧教学模式开展，并设置创意活动课时拓展实践活动深度，促进师生、生生、亲子情感深度链接，深受学生喜爱。经过多年探索与实践，"七维"学习适应力课程受到多方肯定，项目组成员多次以专题讲座及公开课的形式进行成果推广，均受好评，并在 2021 年广东省中小学教育创新成果评选活动中获得一等奖。

（五）课程实践反思

第一，课程内容设计以核心素养为导向，促进初中新生核心素养形成。"七维"学习适应力课程目标及内容设计紧扣中小学衔接阶段学生发展的关键期和阶段特征，围绕初中新生学习适应能力提升展开，以隐性或者显性的方式融入初中学生应该具备的核心素养内容。例如学法适应、自我监控、反思调节、心理韧性、问题解决、责任担当、健康人格等都在课程内容中有所体现，从而促进初中新生核心素养的形成。

第二，课程辅导模式有效促进了初中新生核心素养发展。发展学生核心素养，必须变革教学模式和学习方式。校园心理剧是学生喜闻乐见的活动形式，它以学生为主体，贯彻学生主导的内在运行逻辑，最大限度地促进了学生自我教育和自主发展，这是校园心理剧区别于教师主导的传统团体心理辅导的最大不同之处。学生通过演绎"心"故事呈现了贴近生活的各类学习适应不良问题情境，建立了问题驱动辅导模式；通过解决"心"问题、分享"心"感悟等环节，学生在活动中进行深度体验和思考，找到调适或者解决问题的方法。在此过程中，学生通过自我觉察、自我反思、自我调整、自我改变实现了自我教育和自主发展，培养了在问题解决、适应挑战等方面的实践能力。

第三，校园心理剧具有协作性，能激发学生的团队协同合作和责任担当精神。在校园心理剧创作、排演和解决问题环节，都需要小组通力合作完成，使每个参与其中的学生都深切体会协作的重要性；而角色扮演活动中的分工，要求参与者要在尽心尽力完成自己角色任务的同时，为小组其他同学提供协助，这培养了学生的责任意识和担当精神。

第四，校园心理剧教学模式通过角色扮演对学生人格塑造产生深刻影响。学生对健康题材中榜样人物的扮演，是学生学习新的行为过程，是在潜移默化中将所扮演的人物的思想和精神内化的过程。学生通过角色扮演改正不良心理倾向，建立健康的行为方式，对健康人格塑造起到积极作用。

二、运用课—剧融合具身教学模式，构建区域"七彩"生命适应力课程体系

基于疫情防控期间开展生命教育的需求，项目组依据积极心理学理论（PERMA）模型及清华大学积极教育模型，构建了积极生命力校园心理剧课程框架和课程体系。课程理念为着色生命，幸福成长——"七维"课程成就"七彩"幸福人生，课程以提高学生生命意义感和个体心理健康水平为目标。

（一）问题的提出

2020年5月，联合国发布政策简报指出，新冠疫情加剧全球心理问题并导致

相关精神疾病。初中生由于身心发展不平衡，在危机事件中容易出现应激反应，产生极端情绪和行为。受疫情持续性蔓延的影响，初中生的学习和生活方式经历了巨大的变化。一方面，学生的学习方式混杂着三种模式：疫情严重时停课不停学的线上学习，疫情缓解后返校复学的线下学习，以及疫情反复时线上和线下的交替学习，这些学习方式的变化加大了学生的适应难度，学习功效也因此大打折扣。另一方面，学生的生活方式也被迫改变，居家隔离成为应对疫情的主要方式，造成户外运动和体育活动缺乏、同伴社交受限等，这使初中生旺盛的精力无处释放，面对压力时可使用的心理资源有所减少，导致学生烦躁、苦闷和孤独感等负面情绪凸显。

特别是疫情的反复性和不确定性，导致部分学生丧失生活目标和生命意义感，出现"四无"现象，即学习无动力、沉迷于虚拟的网络对真实的世界和真实的人无兴趣、社交无能力、对生命价值无感受。已有研究表明，疫情背景下我国中小学生产生抑郁、焦虑和恐惧等不良情绪体验的人数上升，部分学生自杀意念水平显著提升，严重者甚至出现自杀行为。上述现状与国家培养"全面发展的人"的育人目标相悖，是亟待解决的教育课题。

2021年，教育部办公厅印发了《关于加强学生心理健康管理工作的通知》，要求加强心理健康课程建设，培养学生珍视生命、热爱生活的心理品质。

综上，针对后疫情时期初中生心理危机频发的现状，项目组构建和开发"七彩"积极生命教育课程，对初中生进行积极生命教育，旨在通过课程干预促使学生建立和提高生命意义感，从而提升个体心理健康水平，达到有效预防学生心理危机的目的。

（二）"七彩"积极生命教育课程框架及内容

"七彩"积极生命教育课程由项目组自行开发。项目组根据赛里格曼的积极心理学理论及清华大学的积极自我教育理论构建课程框架（见图7-5），根据后疫情时期学生的心理需求构建课程体系（见表7-15）。"七彩"取自太阳七色，寓意生命像太阳般充满着希望、生机和蓬勃的力量。项目组自行赋予七色寓意，将太阳"七彩"之色分别对应七个维度的课程。例如，绿色象征健康、生命，对应积极自我课程；蓝色象征理智、平和，对应积极情绪课程；黄色象征喜悦、和谐，对应积极关系课程；赤色象征热烈、激情，对应积极投入课程；橙色象征充实、丰富，对应积极成就课程；青色象征觉知、清晰，对应积极品质课程；紫色象征智慧、想象，对应积极意义课程。

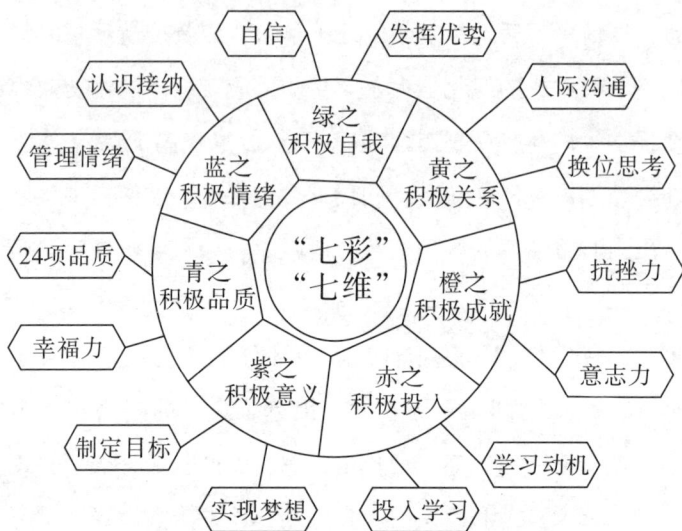

图7-5　"七彩"积极生命教育课程

项目组以发展学生积极心理品质为主线，以促使学生建立并提高生命意义感为辅线，以提升个体心理健康水平为目标，尝试从积极自我、积极情绪、积极关系、积极投入、积极意义、积极成就、积极品质七个维度开发课程。七个维度的课程是相互渗透和相互支撑的。课程中每个课例均有主标题和副标题，副标题均以"我能、我愿、我会、我可以"等蕴含积极正向力量及掌控感的形式表述，具体课程内容见表7-15。

表7-15　课—剧融合之"七彩"积极生命教育课程内容

专题	目标	课例
积极自我	发展健康完整的自我。认识了解自我，悦纳自我；热爱生命，树立正确生命观	1. 绽放生命之花——我能发现生命的意义 2. 书信予己——我有"积极身体意象" 3. 呵护失眠小精灵——我能"科学调整睡眠" 4. 不一样的击鼓手——我能"洞察性格密码"

（续上表）

专题	目标	课例
积极情绪	了解积极情绪对身心的健康作用。学会调适消极情绪，培养提升积极情绪的能力	5. 缤纷色彩，护心启航——我能"管理我情绪" 6. 应对不确定性——我能拥有积极情绪 7. 复学能量罐，一起奥利给——我能"积极调适情绪" 8. 情绪有意义——我能接纳它
积极关系	学会建立与发展和谐健康的人际关系。发展沟通、爱的能力；学会有效的沟通技巧	9. 亲子相约，温暖无限——我能"营造积极关系" 10. 夏天的第一杯奶茶——我会"感恩相遇，幸福相处" 11. 沟通让家暖人心——我能构建积极亲子关系 12. 语言是窗户——我愿"非暴力沟通"
积极投入	了解动机和专注力对个体学业提升的作用。学会管理时间，掌握提高专注力的方法	13. 凝聚专注力，学习入佳境——我能专注学习 14. "明天"变形计——我能"积极自我赋能" 15. 学做"精力派"，学习高效率——我能积极管理精力 16. 时间管理四部曲——我能有效管理时间
积极意义	了解个体生命独特价值和意义，树立正确的价值观。塑造积极信念，丰富生命色彩	17. "疫"中寻榜样，汲取心力量——我能寻找积极意义 18. 绘制我的生命故事线——我能"积极自我赋能" 19. 寻找生命的意义——我能"积极自我赋义" 20. 做自己的船长——我能澄清职业价值观
积极成就	提升实现理想和目标的能力。了解耐挫力及韧性对成功的意义，正确看待挫折；培养成长型思维模式	21. 追寻生命的灯塔——车日路模型激发生命活力 22. 目标的力量——我能"迎难而上" 23. 发现挫折里的亮光——我能合理归因 24. 我选我人生——我能智慧选择 25. 滋养我的生命树——我会"正向获得积极资本"
积极品质	培养积极心理品质。了解24项积极心理品质，发展自身优势，培养勇敢、感恩、宽容、希望等积极品质	26. 勇敢不逞强，绽生命光芒——我能合理使用勇气 27. 开发大脑记忆潜能——我能"积极主动学习" 28. "抒写"我的感恩心语——我能"常怀感恩心" 29. 品味幸福——我能提升幸福感 30. 我的"智能多彩光谱"——我有"多元智能优势"

2022 年，项目组出版了《着色生命，幸福成长："七彩积极生命教育"微课程的构建与实施》一书，丰富了课—剧融合区域心理课程体系。我们将"七彩"积极生命教育课程通过公众号向家长推送，改善家庭生态及家庭功能，激活家长资源，让家长为孩子健康成长赋能，这是课程实施效果的重要保障。

通过校园心理剧主题系列课程的开发与应用，形成多方协同育人模式。专著中的每个课例均配有微课视频，并在"黄埔心理研究"公众号、区域德育工作群推出，形成家、校、社生命教育课程共享资源包。"黄埔心理研究"公众号"剧随心动"栏目定时推出优秀校园心理剧，部分家长参与亲子系列心理剧演出等，打造家校共育共同体，形成家校合作、线上和线下多方协同课程育人机制。

三、课—剧融合区域主题心理课程实施效果

（一）课—剧融合教学模式焕发课堂生命活力，提升育人效果

1. 促进教师改变：重新理解教学

教师在践行课—剧融合之"六环五阶"具身教学模式的过程中，深入体验和理解了具身认知理论的内涵，促使教师重新理解教学，即"以一种全新的方式看待学生怎样学习、教师怎样教学和学校怎样组织"。教师不再将学生视为储存知识的"容器"，而将其看成"可以开出花的种子"，更加重视发挥学生的主体作用，重视身体学习及具身环境构建对学生心智发展的促进作用。教师基于具身认知对教学进行重新理解，重建了课堂价值观，给心理课堂整体生态环境改善带来深刻影响。

2. 促进课堂改变：重视生命发展

课—剧融合之"六环五阶"具身教学模式作为一种全新的、整合的教学方式和教育手段，为教师在心理课实施具身学习提供了教学支架，破解了传统心理课堂"离身"的教学困境，建立了具身教学新范式，实现了对传统课堂的变革。教师构建开放、包容、平等的课堂学习环境，为学生身体"解绑"，实现了陶行知所说的"六大解放"，即解放学生的"头脑、双手、眼睛、嘴、空间、时间"，使具身学习成为可能。通过使用"各种热身游戏、角色扮演、即兴演出、模仿等手段让学生身体活起来、动起来"，学生在具身情境中重演自己或别人的生命故事，在具体的角色和环境中进行体验与感悟生命、理解生命、热爱生命、发展生

命，可以说课—剧融合具身教学模式促使教学过程真正转向"以学生身体参与为主体的，具有情境体验性、交互生成性以及富有生命活力的教学新样态"，构建了从"知识"走向"生命"的实施路径，践行了"以人的生命发展为第一价值"的教育宗旨。

3. 促进学生改变：统合知情行协调发展

课—剧融合之"六环五阶"具身教学模式为学生提供了一个自我成长的平台。学生在多样化、个性化、丰富化的课堂环境中对某个心理课主题进行创编及演绎，其实质是身心一体的具身学习的过程。具身学习强调的是学习过程的知情行统一原则，当学生沉浸在所扮演的角色中，会促使身体认知、具身体悟及情感表达紧密交织在一起，这一过程会引发丰富的知情行统合的心理建构活动，促使学生对自我、他人和社会产生新的认知和实践，最终引导现实行为改变，从而达到促进学生知情行统合协调发展的目的，提升心理课育人实效。

（二）课题研究成果丰富，著作出版获好评

项目组探索实践课—剧融合之"六环五阶"具身教学模式，丰富了团体心理辅导和校园心理剧理论。成员参与、承担了多类多项专业交流，成果获得同行专家高度认可，形成广泛的学术影响。如论文《校园心理剧干预初中新生学习适应性效果研究》在全国心育会上宣读交流并获全国一等奖；异地教学课例"插上积极思维的翅膀"获全国二等奖；成果"寓教于剧，适应成长——校园心理剧在心理课堂应用模式"于2021年获广东省中小学教育创新成果一等奖，于2022年获广州市第七届中小学德育创新成果二等奖。

2016年出版的《演出你的故事：校园心理剧在心理课堂中的应用》一书，屡获同行好评，普遍反馈课—剧融合之"六环五阶"具身教学模式既有结构化的操作策略，又有开放性的操作策略，对工作有借鉴意义。《演出你的故事：校园心理剧在心理课堂中的应用》于2019年获广东省优秀教育成果著作类一等奖，受到一线教师、家长及学生的一致好评。

（三）实践成果得到推广应用，取得良好的社会效益

1. 提高教学质量，促进教师专业发展

课—剧融合之"六环五阶"具身教学模式，在区域各中小学大力推广，涌现了一大批教师投身课堂教学改革，促进了教师观念更新及自身专业成长：2名

教师被评为广州市、黄埔区名教师，1 名教师被聘为华南师范大学心理学院硕士研究生兼职导师，5 名教师成为广州市学科中心组成员，10 多名教师成为市区骨干教师。13 位教师获得省、市中小学心理教师专业能力大赛二等奖及以上奖项，1 节课例获得部级"优课"，培育省、市及区级课题 6 项，发表专业专项论文 40 多篇，培养市区骨干教师 10 余人。

2. 成果实效性强，科研影响辐射面广

（1）区内扎根，不断衍生。课—剧融合之"六环五阶"具身教学模式在区域各中小学推广，衍生开发了上百个运用校园心理剧模式的主题课例；课—剧融合教学模式具有可操作性、推广性，可迁移应用到情绪调控、家庭教育、人际交往、青春期教育、生命教育、校园欺凌等各种心理健康教育专题辅导活动中，可迁移到班会课、个体辅导中。

在 2022 年广东省中小学心理健康教育主题班会课评比中，区域有两项成果荣获广东省二等奖；教师将校园心理剧教学模式运用于个体辅导中，研究成果《无声的呼救——运用心理剧技术处理自伤行为》发表在《中小学心理健康教育》杂志上。

（2）区外拓展，辐射面广。项目组通过市级心理专题讲座、成果推介、市德育教研、跨区教研等方式推广成果，如在广州市教育研究院主办的 2022 学年度广州市心理教研系列活动之"走进黄埔"专场研讨活动中，黄埔区四位成员以专题分享形式推广课—剧融合之"六环五阶"具身教学模式，线上线下 8 000 多人次参与观摩。另外，项目组通过讲座及送教方式推介成果，涉及贵州贵阳、独山县，广东茂名、湛江遂溪、丰顺等地区，累计受益十万人次。项目组成员开展有关课—剧融合的专题讲座、公开课 50 余次，课—剧融合之"六环五阶"具身教学模式公开课例在"穗心家园"公众号、"黄埔心理研究"公众号、黄埔区德育群推广，广受好评。课—剧融合之"六环五阶"具身教学模式已经成为黄埔心育名片的重要关键词。

第八章

课—剧融合具身教学模式的实施要点

第一节　心理健康教育课程的目标和内容

现代课程理论之父拉尔夫·泰勒（Ralph W. Tyler）认为，教学目标、教学内容、教学组织形式和教学评价是构成课程的四大要素，在开展与这四大要素相关的课程设计工作时，确定教学目标是最关键的环节。

一、遵循《纲要》提出的心理健康教育课程目标

华南师范大学黄喜珊在《心理课中的教学目标：内涵及设定》一文中指出，教学目标是课堂教学效果评价的依据，也是一节课的逻辑起点和落脚点，它规定着课程内容的选择和组织，以及学生学习活动的方式，对教学质量和课堂效率起着直接决定作用。教师如果在开展教学前设定了科学、合理的教学目标，就会构建出有效的课堂；如果不注重教学目标的设定和达成，就会导致教学无效。教学目标对教师的教学活动发挥着指导和评价的作用。因此教学活动都要依据教学目标，不能为了活动而活动。活动也好，体验也罢，如果忽视教学目标的导向，即使是丰富的活动内容、热闹活跃的课堂氛围，都会成为没有意义的形式主义。

基于课—剧融合的心理健康教育课程在实施过程中要严格遵循《中小学心理健康教育指导纲要（2012 年修订）》（以下简称《纲要》）提出的课程总体目标和具体目标。总体目标："提高全体学生的心理素质，培养他们积极乐观、健康向上的心理品质，充分开发他们的心理潜能，促进学生身心和谐可持续发展，为他们健康成长和幸福生活奠定基础。"具体目标："使学生学会学习和生活，正确认识自我，提高自主自助和自我教育能力，增强调控情绪、承受挫折、适应环境的能力，培养学生健全的人格和良好的个性心理品质；对有心理困扰或心理问题的学生，进行科学有效的心理辅导，及时给予必要的危机干预，提高其心理健康水平。"

二、参照《纲要》规定的心理健康教育课程内容

基于课—剧融合的心理健康教育课程在教学内容的选择上要参照《纲要》中提出的心理健康教育课程内容。具体包括：普及心理健康知识，树立心理健康

意识，了解心理调节方法，认识心理异常现象，掌握心理保健常识和技能。其重点是认识自我、学会学习、人际交往、情绪调适、升学择业以及生活和社会适应等内容。具体年段教学内容如下：

小学低年级主要包括：帮助学生认识班级、学校、日常学习生活环境和基本规则；初步感受学习知识的乐趣，重点是学习习惯的培养与训练；培养学生礼貌友好的交往品质，乐于与老师、同学交往，在谦让、友善的交往中感受友情；使学生有安全感和归属感，初步学会自我控制；帮助学生适应新环境、新集体和新的学习生活，树立纪律意识、时间意识和规则意识。

小学中年级主要包括：帮助学生了解自我，认识自我；初步培养学生的学习能力，激发学习兴趣和探究精神，树立自信，乐于学习；树立集体意识，善于与同学、老师交往，培养自主参与各种活动的能力，以及开朗、合群、自立的健康人格；引导学生在学习生活中感受解决困难的快乐，学会体验情绪并表达自己的情绪；帮助学生建立正确的角色意识，培养学生对不同社会角色的适应；增强时间管理意识，帮助学生正确处理学习与兴趣、娱乐之间的矛盾。

小学高年级主要包括：帮助学生正确认识自己的优缺点和兴趣爱好，在各种活动中悦纳自己；着力培养学生的学习兴趣和学习能力，端正学习动机，调整学习心态，正确对待成绩，体验学习成功的乐趣；开展初步的青春期教育，引导学生进行恰当的异性交往，建立和维持良好的异性同伴关系，扩大人际交往的范围；帮助学生克服学习困难，正确面对厌学等负面情绪，学会恰当地、正确地体验情绪和表达情绪；积极促进学生的亲社会行为，逐步认识自己与社会、国家和世界的关系；培养学生分析问题和解决问题的能力，为初中阶段学习生活做好准备。

初中年级主要包括：帮助学生加强自我认识，客观地评价自己，认识青春期的生理特征和心理特征；适应中学阶段的学习环境和学习要求，培养正确的学习观念，发展学习能力，改善学习方法，提高学习效率；积极与老师及父母进行沟通，把握与异性交往的尺度，建立良好的人际关系；鼓励学生进行积极的情绪体验与表达，并对自己的情绪进行有效管理，正确处理厌学心理，抑制冲动行为；把握升学选择的方向，培养职业规划意识，树立早期职业发展目标；逐步适应生活和社会的各种变化，着重培养应对失败和挫折的能力。

高中年级主要包括：帮助学生确立正确的自我意识，树立人生理想和信念，形成正确的世界观、人生观和价值观；培养创新精神和创新能力，掌握学习策略，开发学习潜能，提高学习效率，积极应对考试压力，克服考试焦虑；正确认识自己的人际关系状况，培养人际沟通能力，促进人际积极情感反应和体验，正确对待和异性同伴的交往，知道友谊和爱情的界限；帮助学生进一步提高承受失败和应对挫折的能力，形成良好的意志品质；在充分了解自己的兴趣、能力、性格、特长和社会需要的基础上，确立自己的职业志向，培养职业道德意识，进行升学就业的选择和准备，培养担当意识和社会责任感。

第二节　基于课—剧融合的教学过程与策略

基于课—剧融合的心理健康教育课程按照"六环五阶"具身教学模式和策略开展教学过程，具体实施的环节、阶段、教学意图及教学策略如表 8 – 1 所示。

表 8 – 1　课—剧融合之"六环五阶"具身教学模式课堂实施策略

"六环节"	"五阶段"	教学意图	教学策略
暖身活动	具身导入（强调要充分融入具身元素，调动与激发学生的身体感知）	1. 凝心聚力，营造愉快接纳的氛围； 2. 降低自我防卫，产生安全与信任； 3. 创设安全、信任的心理环境	利用音乐、影视、冥想、肢体活动、社会计量、心理剧场等方式开展
主剧编演	具身情境（呈现主角内在的心理困扰和冲突，构建具身问题情境）	1. 创设问题情境，聚焦"心"问题； 2. 呈现以某个主题为核心的学生典型心理冲突问题情境； 3. 激发学生探索欲望，为即兴续编做铺垫	1. 主剧是"引子"，剧情来源于个别咨询案例、问卷调查及访谈中的典型心理问题； 2. 可课前创编主剧剧本，课堂上呈现剧情概要文本或组织学生进行角色扮演； 3. 可课前创编并录制主剧表演视频，课堂上组织学生观看视频，代入角色、唤起感受

（续上表）

"六环节"	"五阶段"	教学意图	教学策略
续剧编演	具身体验（商讨的解决方法用续剧和即兴表演的方式呈现出来）	1. 延续主剧剧情，促使小组协同合作、思维碰撞，演绎心理问题的解决； 2. 演绎"心"故事，探究解决主剧中"心"问题的方法	1. 续编剧本：教师搭建半结构化（3W＋3H）的文本框架，指导学生通过思维碰撞对主剧进行推演，探索解决剧中主角的心理问题的应对方式； 2. 演绎续剧：学生通过角色扮演、角色互换、内心独白等方法进行演绎，将续剧中的应对方式用即兴表演的方式呈现出来
讨论分享	具身反馈（师生创造多维对话，进行情绪表达及认知整合。引导学生与现实联结、自我反思及内化经验）	1. 分享"心"感悟，鼓励学生表达在编剧、演剧和观剧中体验到的感受、想法与收获； 2. 支持宣泄情绪和整合经验； 3. 实现心理辅导功能	用"4F"法组织开展讨论： 1. 陈诉事实（fact）； 2. 说出情绪（feeling）； 3. 表达想法（fantasy）； 4. 新的发现（finding）
自我审视		1. 由"剧中人"回归"现实我"； 2. 将所探讨的积极应对方法学以致用，内化迁移，改善"心"状态	1. 根据主题，制作自我审视清单； 2. 对照清单中的每一个项目，根据自身情况打分
师生寄语	具身感悟（鼓励学生用身体元素表达感悟）	1. 提炼"心"收获； 2. 促使学生将所获感悟进行总结提升，使课堂留痕、思维成果显性化	1. 指导学生将获得的感受、体会进行概括性总结提升； 2. 可以凝练成一句话、一幅图，可以留给自己，也可以赠予他人

下面以主题为"考后心涟漪"的初中心理课为例，简要介绍课—剧融合的教学过程与实施策略。

一、暖身活动：凝心聚力

暖身活动指利用音乐、影视、冥想、社会计量等方式营造安全接纳的气氛和愉快接纳的氛围，创设安全、信任的心理环境，为演出做好准备。如在"考后心涟漪"一课中，教师使用社会计量方式进行暖身活动。教师："当父母得知你成绩后，家里的氛围是怎样的？父母感觉开心的同学请站在左边，父母感觉气愤的请站在右边。"学生站队后，教师观察到右边队伍比左边队伍长很多。教师接着说："看来大家都不容易，互相握握手，将你的关心传达给对方，彼此支持。"通过共情纽带促使团队凝心聚力。

二、主剧编演：创设问题情境

主剧要呈现以某个主题为核心的学生典型心理问题情境，聚焦"心"问题。激发学生探索欲望，为续编主剧做好铺垫。如在"考后心涟漪"一课中，学生课前创编了主剧剧本《成绩小风波》，在课堂上通过角色扮演呈现期中考试后，父亲得知自己考试成绩时生气发怒的场景，从而创设亲子冲突的问题情境，引发学生思考和共鸣，给续剧"留白"。

三、续剧编演：探究问题解决方法

学生针对主剧中呈现的问题情境，通过小组协同合作、思维碰撞探究问题的解决方法，演绎"心"故事，即在主剧故事的基础上，合理发展出新故事。为提升续剧效果，教师可通过给学生搭支架的方法启发学生的创造性思维，具体可以通过"3W+3H"的方式引导学生创编续剧。"3W"即续剧中会有什么角色出现？会发生什么故事？各角色之间会说些什么？"3H"即续剧中各角色如何通过换位思考来修正自己的认知？如何调适自己的情绪？如何通过主动寻求亲人、朋友、同学等人际资源而获得帮助？学生创编续剧后可以用定格、雕塑或者角色扮演等形式呈现出来。教师要鼓励每个小组用"解决方法"给续剧命名，提升各小组问题解决的自我效能感。这一过程不仅可以让学生学会如何担当和扮演社会期望的角色，还能激发学生自发地去创造角色。在"考后心涟漪"课例中，针对主剧《成绩小风波》呈现的亲子冲突问题情境进行续剧的编演，小组成员协同合作探讨采用何种方式应对发生在组员家里的"成绩小风波"，并分别用定格、雕塑或表演的方式呈现出解决亲子冲突的方法。有的小组通过角色转换方法体验父母感受从而改变认知，并通过积极沟通与父母和解，所以将续剧命名为"换位思考＋积极沟通"。

四、讨论分享：表达感受

此环节是分享"心"感悟，鼓励学生表达在编剧、演剧和观剧中体验到的感受、想法与收获。表达感受可以用言语、表情演绎或动作定格的方式呈现。如在"考后心涟漪"课例中，教师说："现在是分享时间，小 A 同学刚才已经将考试后的家庭风波故事与各位分享，请大家谈谈小 A 的演出如何触动了你，你从他的情境中感受到什么。如果你是剧中的小 A，你会怎么做？请大家用真诚的态度表达分享，同时用一个微表情或者动作定格方式表达你在这次辅导活动中的收获。"

五、自我审视：迁移应用

教师启发全体学生将所探讨的积极应对方法学以致用，内化迁移，改善"心"状态。此外，教师还要引导学生将本次辅导中获得的积极应对方法以及通过体验学习和观察模仿习得的有益经验迁移到日常生活与学习生活中，达到学以致用的目的。如"考后心涟漪"一课中，教师巧妙设计"审视清单"引导学生进行自我审视，审视清单中包括"我与父母的沟通方式存在哪些问题""如再次与父母发生冲突，如何应用课堂所学积极应对"等问题，引导学生对亲子关系建设进行深入探索。

六、师生寄语：总结提升

在辅导结束后，教师要指导学生将本次活动中获得的感受进行总结提升，提炼"心"收获。例如在"考后心涟漪"课例中，教师运用心理工具"涟漪卡"指导学生凝练收获：让学生选择一张自己喜欢的涟漪卡，联系本次心理剧辅导主题，说说选这张卡片的原因，然后将卡上积极、充满能量的语言写在圆形小组分享卡上，师生共同完成寄语，为自己和他人赋能。这种课堂留痕方式不仅在师生之间、生生之间建立了一种生命联结，还深化了辅导主题。

总之，基于课—剧融合的教学过程要注重具身要素的运用。例如，在暖身活动环节要强调具身导入，要充分调动与激发学生的身体感知和身体能量，让身体动起来，声音响起来，表情亮起来。在主剧编演及续剧编演环节，要让学生沉浸式具身体验；在讨论分享和自我审视环节，鼓励学生运用肢体动作、表情、声音等进行具身反馈；在师生寄语环节，鼓励学生用身体元素表达感悟，从而完成"六环五阶"的具身学习。

第三节　基于课—剧融合的教学设计案例

为了更好地展示和说明课—剧融合之"六环五阶"具身教学模式的教学过程和方法，在此我们展示分享几个基于课—剧融合的教学设计和课例，抛砖引玉，供大家参考借鉴。

一、初中课例"'玩梗协会'升级之旅——我能树立玩梗边界"教学设计及评析

（一）教学设计

本课例由笔者带领工作室成员共同完成于 2023 年 5 月。该课例在广州市教育研究院组织的 2022 学年度广州市心理教研系列活动之"走进黄埔"专场研讨活动中，由工作室成员广州市黄埔区苏元学校林丽云老师代表团队面向全市心理教师进行展示交流，相关新闻报道在 2023 年 5 月广州市心理教研"穗心家园"公众号上推出，该课例是按照课—剧融合之"六环五阶"具身教学模式进行设计和实施的。

【教学内容】

《中小学心理健康教育指导纲要（2012 年修订)》提出，心理健康教育的重

点包括了人际交往等方面的内容。其中初中生的具体教育内容包括帮助学生建立良好的人际关系。近年来，中小学生经常使用"网络梗"进行交流和互动，比如表情包、流行语、歌曲、动作等。本节课以"网络梗"为线索，聚焦积极人际关系，根据校园心理剧"六环节"模式，引导学生认识到"网络梗"对人际关系的影响，使其学会在人际互动中树立"玩梗"边界。

【学情分析】

初一学生处于半成熟半幼稚的阶段，他们的思维不够成熟，行为相对冲动，因此在面对繁杂的网络世界时，缺乏辨别信息的能力，时常出于从众或者趣味，主动或被动地在生活中使用"网络梗"。学生使用"网络梗"主要是为了娱乐和社交，通过"网络梗"获得身份认同和情感共鸣。然而部分"网络梗"内容无聊，价值观恶俗，甚至带有恶意，学生不善于辨别，时常把握不好分寸，若日常交流使用不当，会严重影响到人际关系和班级风气。因此，心理课需要引导学生在人际互动中合理使用"网络梗"，树立"玩梗"边界，把握交流分寸。

【教学目标】

1. 认知目标：觉察"网络梗"对关系的影响，了解玩梗背后的需求，认识到玩梗需要边界；

2. 情感目标：增强情感共鸣，促进情绪表达，领悟合理玩梗的重要性；

3. 行为目标：学会合理适度玩梗，树立玩梗边界，保持人际关系和谐。

【教学重难点】

重点：认识玩梗要有边界，学会合理使用"网络梗"，促进人际关系的和谐。

难点：觉察玩梗背后的人际需求，学会合理适度玩梗，树立清晰的玩梗边界。

【教学框架】

本节课教学时长为40分钟。教学框架如下。

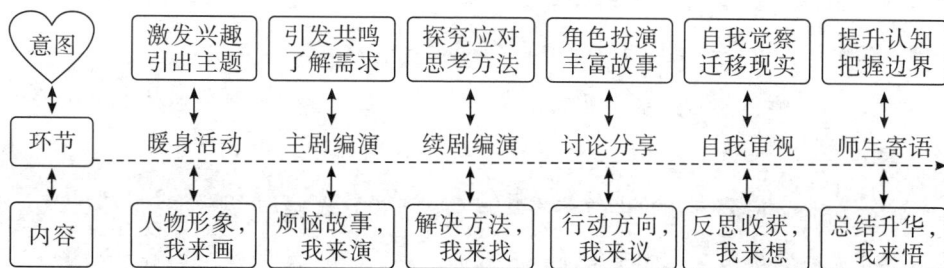

意图	激发兴趣 引出主题	引发共鸣 了解需求	探究应对 思考方法	角色扮演 丰富故事	自我觉察 迁移现实	提升认知 把握边界
环节	暖身活动	主剧编演	续剧编演	讨论分享	自我审视	师生寄语
内容	人物形象，我来画	烦恼故事，我来演	解决方法，我来找	行动方向，我来议	反思收获，我来想	总结升华，我来悟

【教学过程】

一、暖身活动：人物形象，我来画

【墙上角色】

教师在黑板上画出一个简易的人像轮廓。

师：同学们，今天要和大家介绍一位新朋友，他的名字叫"小梗"，他加入了玩梗协会，在日常交流中经常玩梗，同学们觉得他会是怎样的一个形象呢？

师：现在邀请大家变身灵魂画手，用画图或写字的方法，对初中生小梗进行创作。添加人物的表情、衣着打扮、口头禅、常用动作等内容，使人物更加形象立体。

生1：我想给小梗画上中分头。

生2：我要给小梗加上酷炫的切尔西靴。

生3：小梗应该有一句口头禅：泰裤辣！

师：在大家的热烈创作下，小梗的形象变得越来越丰富，越来越有特点。那么，同学们现在看到这样的小梗，有什么感受呢？

生4：我觉得小梗非常酷。

生5：我觉得小梗脑子不大好使，太爱玩梗了。

生6：我感觉小梗可能素质比较低，有点傻。

（设计意图：利用墙上角色，引导学生入戏，活跃氛围，激发兴趣，促进表达，生动有趣地引出课题。）

二、主剧编演：烦恼故事，我来演

师：大家对小梗有不同的感受，那么接下来我们来看看小梗他到底发生了什么吧！（教师播放由学生演绎的主剧视频）。

主剧剧情简介：第一幕的内容是小梗不了解梗，融入不了大家；第二幕是小梗加入了玩梗协会，开始玩梗用梗，用梗拉近关系；第三幕是小梗不分场合、不分时间地玩梗，导致朋友关系疏远。

（教师接着用思路追踪戏剧手法进行追问和澄清）

师：同学们看到每一幕小梗发生了什么呢？这一幕的小梗给你带来什么样的感受呢？

生7：我感觉第一幕的小梗是不甘落后、可怜、无知的。

生8：我觉得第二幕的小梗还是正常的，潮流，活泼开朗，但有一点浮夸。

生9：我觉得第三幕很尴尬，小梗无聊、不成熟、没素质，我会有点反感他。

师：那为什么小梗给我们带来的感受会发生这样的变化呢？

生10：因为小梗过度玩梗，不分场合、不分时间地玩梗，导致和大家的关系疏远。

师：小梗一开始为什么想要了解梗、用梗？他的初心是什么？

生11：小梗就是想拉近关系，结交朋友。

（设计意图：利用主剧情境增强共鸣，结合思路追踪促进思考和表达，将主角的故事线和学生的感受线梳理与结合，引导学生了解用梗的需求，感受过度用梗对关系的影响。）

三、续剧编演：解决方法，我来找

师：那么如果要重新回归初心，小梗接下来可以怎么做呢？请每组同学通过小组讨论，利用专家外衣寻找解决方法，分别以"玩梗协会会长、同学、老师、父母"等角色，为小梗提供解决办法，每组选1名代表上台与小梗对话（教师将戴上帽子，入戏成为小梗，与披上不同专家外衣的学生坐成一排）。

师（入戏小梗）：一开始我不了解梗，后来我了解了很多梗而且玩得"很6"，为什么大家后来又不喜欢和我玩了呢？我好烦恼，到底要怎么和大家交流？我还特地加入了玩梗协会，那我想问下会长能不能给我一些建议呢？

生12（披上"玩梗协会会长"外衣）：加入了玩梗协会，你更应该学会适度玩梗，玩高质量的梗，在网上多找一些有营养的梗和同学交流。而且在使用之前要主动去了解"网络梗"的意思和来源，不要乱用。

师（入戏小梗）：原来玩梗之前还要了解梗的意思和来源，谢谢会长，看来我要注意辨别不同的"网络梗"。那同学会喜欢什么梗呢？我要怎么和同学交流？

生13（披上"同学"外衣）：我们同学比较喜欢搞笑幽默的梗，偶尔玩一玩，还是比较有趣的。但是玩梗要适度，不要为了玩梗而玩梗，用大量的梗来组织语言，缺乏自己的想法。而且如果你已经看到同学不开心了，就需要调整一下你玩梗的方式，要尊重同学的感受。

师（入戏小梗）：原来同学不反感我玩梗，只是希望我要注意方式和内容。我之前确实容易忽视大家的感受，只想显得自己潮流有趣，以后我也要注意一下这方面。我是比较喜欢在学校玩梗，老师能不能也给我一些建议？

生14（披上"老师"外衣）：作为老师，我会觉得你在上课的时候玩梗不大合适。要注意时间和场合，要在不影响课堂、不造成别人困扰的情况下，合理适度地玩梗。可以适当玩一些积极向上、有利于团结一致的梗。上课的时候还是要尊重老师，认真听讲。

师（入戏小梗）：明白了，我之前只想着在课堂上吸引大家关注我，想要课堂氛围热闹一点，确实有点不尊重老师，也影响了课堂进度。以后上课我会注意的。那最后我也想知道父母对我玩梗的事情是怎么看的呢？

生15（披上"父母"外衣）：小梗啊，你还是要好好学习，认真上课，争取考上好高中。网络上的信息鱼龙混杂，要学会分辨，不要人云亦云，沉迷网络。你要有自己的想法，可以用其他的方式交朋友，比如一起运动，一起吃好吃的。

师（入戏小梗）：父母说得有道理，我还可以用别的方式交朋友，不一定要通过玩梗来吸引大家。谢谢大家给了我这么多的建议，原来我还可以从这些方面去调整自己玩梗的方式，我会认真去试一试，希望能够和同学们又玩在一起。

（设计意图：通过专家外衣，营造集体合作的氛围，引导学生思考解决办法，学会树立合理玩梗边界，维持良好人际关系，较好地完成了本节课的教学重难点。）

师：在各位专家提供如此多的宝贵建议和方法之后，小梗收获很多。接下来他又会做些什么？他的故事会怎么发展呢？请学生分组续编小梗故事的第四幕，通过对不同角色进行演绎，展现故事最后的不同走向，使小梗的故事更加开放和丰富。

小组1：小梗向老师请教为什么大家慢慢疏远了他，明白了自己的不足之后，调整了自己，还会去帮助其他同学，提醒他们要合理玩梗，也以此为契机，最后重新和大家和谐共处。

小组2：小梗被叫了家长，在家长和老师的教育下，小梗做出了改变，跟同学、老师道歉，不再一门心思放在上网和玩梗上面，而是更关注和同学们当下的交流与互动。

小组3：同学开始嫌弃他，他与某个同学发生了正面冲突，被同学指出了问题，小梗很难过。后来他原来的好朋友私下和他说，其实他身上也有很多闪光点，只是最近的语言和方式有点过了，让大家不是很舒服。于是小梗反思总结之后调整了自己的行为，只是偶尔用一用积极向上的梗，且更加尊重同学和老师了。

（设计意图：通过小组合作、角色扮演，引导学生将解决方法呈现出来，丰富故事，巩固收获，迁移应用。）

四、讨论分享：行动方向，我来议

教师总结同学们在上述环节提供的方法，并邀请其他同学补充丰富，同步板书在黑板上。

师：同学们从各个角度提出了一些切实可行的办法，比如玩梗前多了解梗的来源和意思；选择一些积极的正能量的梗；玩梗注意场合和方式，不依赖"网络梗"；尊重他人，多了解他人的需求，可以尝试用其他方式交流和互动等。

教师总结：在大家的帮助下，小梗从不懂梗，融入不了，到开始玩梗拉近关系，再到过度玩梗，关系疏远，最终到学会树立边界，促进关系，回到自己的初心上。小梗完成了玩梗协会升级之旅。

（设计意图：通过小组讨论，帮助学生总结出"玩梗公约"，学会合理使用"网络梗"，从而保持人际关系的和谐。）

五、自我审视：反思收获，我来想

师：请同学们回到现实生活，思考在生活中，你常常是什么角色呢？

审视清单设计了三个问题：①在生活中你常常是什么角色？（A."小梗"；B.被"小梗"玩梗的同学；C.旁观起哄的同学；D.不懂梗的同学；E.其他）②从小梗的故事中，你会联想起生活中哪次类似的经历？当时你是怎么做的？③如果未来再次出现类似的场景，你会如何应对？

（教师引导学生通过台词讲演、表情手势、身体动作等多种方式进行自我审视，并组织学生讨论。）

生A：我是经常喜欢玩梗的同学A，就是"小梗"。有一次我在一位同学旁边玩梗，然后那个同学没理我，感觉好尴尬。未来自己玩梗的时候会注意了解梗意，适度玩梗，不要让自己和对方尴尬。

生B：我经常是被玩梗的同学B。我们班很多人会因为我的名字给我起谐音外号"切尔西"，我不愿意搭理他们，后来他们叫的次数就减少了。我觉得未来我可以直接拒绝那些爱玩梗的同学，也可以选择无视他们。如果实在不舒服，我会直接向他们表达我的感受。

生C：我常常是旁观的同学C。在上课的时候，当老师说到一个敏感词，同学们就会起哄玩梗，我当时也觉得好笑，就跟着笑了。未来我学会了在玩梗的时候不嘲笑不起哄，尊重课堂，保持安静，尊重大家的感受。

生D：我是不懂梗的同学D。有一次听到同学玩梗，但是我听不懂，他们就说我落后，我很尴尬，然后向他们了解了这个梗。未来如果我还是不懂这个梗，我会主动去了解，但不会乱用。

（设计意图：促进学生觉察和反思，将本节课的内容迁移到现实生活，学会解决现实人际问题。学生能从不同的视角回顾过去的经历，利用本节课的收获学会应对未来的不同情境。）

六、师生寄语：总结升华，我来悟

师：凡事有分寸，熟不逾矩，感情才能长久。人与人最舒服的关系是：行有所止，言有所界，凡事有度。祝愿同学们在合理玩梗的同时收获美好的友谊！

（设计意图：利用金句进行升华寄语，帮助学生深刻认识到玩梗要有边界，在人际交往中要把握边界，掌握分寸。）

【板书设计】

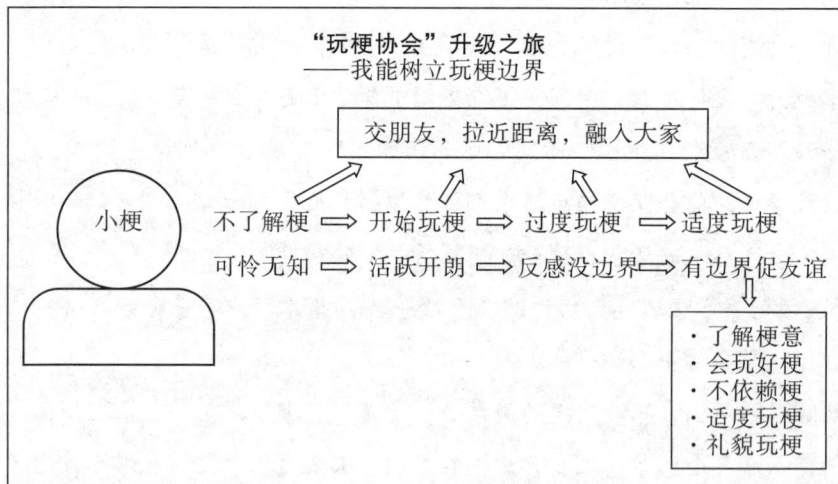

附录1　主剧概要

小梗的升级之旅

第一幕：同学们都在班上聊一些网络热梗，但是小梗不了解这些梗，融入不了大家，大家嘲笑他。

第二幕：后来小梗加入了玩梗协会，开始学会玩梗用梗。他利用流行的"网络梗"拉近了和同学的关系，大家都觉得他很有趣，愿意和他交流。

第三幕：小梗慢慢开始不分场合、不分时间地玩梗，在同学伤心的时候玩梗，在老师上课的时候玩梗，导致同学关系疏远，老师也对他印象不好。

附录2 续剧实例

同学开始嫌弃他，他与某个同学发生了正面冲突，被同学指出了问题，小梗很难过。后来他原来的好朋友私下和他说，其实他身上也有很多闪光点，只是最近的语言和方式有点过了，让大家不是很舒服。于是小梗反思总结之后调整了自己的行为，只是偶尔用一用积极向上的梗，且更加尊重同学和老师了。

（二）教学评析

本课例教学主题来源于学生真实生活，针对中学生热衷于玩梗、乱玩梗而影响人际交往和班级风气的现状而设计。课程教学目标确立为：①认知目标：觉察网络梗对人际关系的影响，了解玩梗背后的心理需求；②情感目标：增加情感共鸣，领悟合理玩梗的重要性；③行为目标：树立玩梗边界，保持人际关系和谐。

1. 暖身活动：具身导入

暖身活动是指通过肢体活动打开身体和内心，营造轻松、愉快的氛围及安全、包容的心理环境，为教学活动开展做好准备。暖身活动强调充分融入具身元素，调动和激发学生的身体感知与能量。比如可以运用"喊名字抛球""用身体打招呼"等游戏活动，也可以运用"墙上角色"等戏剧策略开展活动。在本课例中，教师运用"人物形象，我来画"开展暖身活动。通过"墙上角色"的形式绘制小梗和展示小梗形象，使小梗形象具象化，促使学生能共情小梗，激发学生身体感知和身体能量，有利于具身导入活动主题。

2. 主剧编演：具身情境

主剧是师生共同创编的校园心理短剧，主要呈现主角内在的心理困扰和冲突。主剧的题材要结合心理课的主题内容综合考虑，可以将心理课教材中的案例、学生典型的心理问题和学生咨访案例创编成主剧。主剧编演方式可以分为两类：一类是课前创编剧本，教师课上组织学生用即兴表演形式将剧情呈现出来；另一类是将课前创编好的主剧录制成短视频，教师课上组织学生观摩。主剧是

"引子"，引出心理课所要探讨的主题，达到构建具身问题情境、共情剧中人物和激发学生探索欲望的目的。

在本课例中，教师运用"烦恼故事，我来演"展开教学过程。师生课前根据真实的案例共同创编了三幕主剧。课堂上教师组织学生分组运用角色扮演、旁述默剧等戏剧策略即兴演绎主剧内容，学生在角色扮演中深切体验小梗玩梗的心理需求，体验他内心的冲突与抉择，对小梗产生共情。教师接着提出问题：小梗玩梗的初心是什么？他接下来要怎么做？引发学生对问题的思考，为接下来的教学环节做好铺垫。

3. 续剧编演：具身体验

续剧编演是指在教师指导下，学生针对主剧中呈现的问题进行合作探究，并将商讨的解决方法用续剧和即兴表演的方式呈现出来。此环节是学生在"身临其境"的问题情境中进行体验学习、主动建构身体经验的过程；是学生通过角色扮演走入角色内心世界，并通过"自我和角色的对话构建对学习主题的深刻理解"的过程。此时，教师可以通过"专家外衣"等戏剧策略参与到学生小组的讨论中，指导及鼓励学生尽量"通过肢体动作、即兴创作、五官感受及情境对话等去想象，运用自己的身体和声音去表达"，从而形成具身体验的环境和氛围。

在本课例中，教师运用"解决方法，我来找"展开教学过程。续剧编演使课堂变成了动态的具身体验场，各组学生通过角色扮演等方式演绎解决问题的办法。例如，学生运用"良心巷"戏剧策略呈现了问题解决方法：小组学生分成两列面对面站立，扮演小梗的同学从"巷子"中间缓缓穿过，当小梗走过"巷子"时，大家要大声说出各自的想法和建议，最后小梗总结大家的建议，归纳快乐玩梗的秘诀："玩梗要适度、玩梗不玩人、玩梗要有界""玩梗看对象"等。通过以上活动，师生在多维交互探索中生成新认知，突破了本节课的教学重难点。

4. 讨论分享与自我审视：具身反馈

（1）讨论分享。讨论分享是师生创造多维对话、进行情绪表达、体验分享及认知整合的环节。学生将在活动中的感受及情绪自由表达释放出来，也可以对剧中人物提出建议或分享更好的解决问题的方法。教师要鼓励学生尽量综合运用语言、声音、表情及肢体动作等形式进行表达。

在本课例中，教师运用"行动方向，我来议"展开教学过程。教师提出问题，并引导学生进行具身反馈。

（2）自我审视。自我审视环节是学生跳出剧情与现实联结、自我反思及内化经验的过程。在本课例中，教师运用"反思收获，我来想"展开教学过程。首先教师利用学案上的审视清单引导学生回归现实，进行自我审视。然后教师引导学生通过台词讲演、表情手势、身体动作等多种方式进行自我审视。

讨论分享和自我审视两个环节的教学，促使学生具身反馈、观照反思，促使学生将体验学习和观察学习获得的有益经验在现实中学以致用。

5. 师生寄语：具身感悟

辅导结束后，教师和学生一起复盘，教师指导学生将本次活动中获得的感悟进行提升，鼓励学生用非口语的形式进行表达，例如可以用"定格雕塑""身体扮演游戏"等形式表达感悟，强化活动效果。

在本课例中，教师运用"总结升华，我来悟"展开教学过程。首先教师指导学生用关键词将感悟写在小组分享卡片上，之后赠予同学，互相赋能；然后引导各组用"定格雕塑"的形式呈现感悟；最后教师从三个层次提炼本节课主题：区分不同梗、适度玩积极梗、树立玩梗边界维护良好关系，并引用《人民日报》的金句对主题进行提升，从而达到提升认知、总结升华及为学生自我成长赋能的目的。

二、初中课例"不愿上学的蹦蹦"教学设计及评析

（一）教学设计

本课例由笔者带领工作室成员共同完成于 2022 年，由广州开发区中学曹赛男老师执教，在区域内作为公开课交流展示。在 2022 年广州市中小学心理健康教育活动月活动评比中，获得心理健康教育主题班会课一等奖，后来被推选到广东省参加优秀心理健康教育主题班会课评比，荣获二等奖。具体教学过程见表 8 – 2。

表 8 - 2　"不愿上学的蹦蹦"教学设计

选题背景	校园欺凌是未成年人成长和校园安全建设领域的热点话题。它在广义上被认为是指具有反复性、故意伤害和力量不平衡性的同伴攻击行为。该行为会给学生带来短期或长期的负面影响。教师如何与学生安全有效地谈论这个话题？团体如何赋予受伤的心灵理解和安慰？师生如何达成共识、寻找策略解决问题？ 　　本次心理主题班会课以"论坛剧场"戏剧策略，帮助青少年直面欺凌，凝聚力量。论坛剧场是"被压迫者剧场体系"的核心环节，也是一种可独立使用的应用戏剧形式，它以"舞台—演员—表演内容—观演者实施介入—表演重演及即兴互动"等多元素戏剧形式和手法，帮助观演者深入思考、探讨问题，寻找解决方法。学生在即兴戏剧中讲出自己的心声：或因愤怒而激动，或因缺席陪伴而愧疚，或因胆怯无为而伤心……发出不同的声音正是学生对欺凌事件做出不同角度的理解，也是师生面对压力事件进行"非暴力沟通"的探索。
教学目标	1. 学生能在戏剧活动中察觉反思事件背后的真相与原因，体察人群各种情感特质。 2. 学生能初步形成自主、合作、尊重、沟通、协调的团体精神与态度。 3. 师生面对压力事件，进行"非暴力沟通"的探索。
教学重难点	1. 教学重点：帮助学生理解校园欺凌对受欺者造成的伤害。 2. 教学难点：用"论坛剧场"戏剧手法创作即兴戏剧，讨论校园暴力核心议题。
板书设计	蹦蹦"聚能团" 父母（理解）　　　老师（开导）　　　同学（帮助）
教学过程	一、暖身活动 1. 浅谈期望：解义"即兴戏剧"，即兴戏剧可以给我们带来什么挑战？锻炼我们什么能力？ 2. 说明规则：创作即兴戏剧充满挑战，全班成功地创作即兴戏剧的要诀是什么？

（续上表）

3. 暖身活动：跟着音乐一起做——我在哪里、我是谁？ 4. 创编规则：老师在每段即兴戏剧开始之前，都会以"旁白"身份读一段故事，学生后续的创编或即兴创作都需在故事的基础上，合理发展新情境和新故事。 二、故事文本及过程性戏剧活动	

教学过程	故事文本	戏剧活动	教学策略
	文本故事① 从前，有个小孩叫蹦蹦，他不想上学了，但他不愿意告诉任何人原因，反而一直找借口。	☆全班围成圆圈就座。 ☆全班讨论：故事最佳地点、蹦蹦第一句话、这一幕适合的角色。 ☆蹦蹦可能说哪些借口？他现在的想法和感受是什么？父母听到这些借口会有什么反应？ ☆双人即兴练习表演（Work in pairs） ☆小组展演（Work in group） ☆分享：经过这番对谈后，角色有什么感受？	注意：若角色的反应或行为看起来不符合角色身份，必要时，老师可以采用"定格"或"重演"策略。 无论用双人即兴或全班即兴练习表演，都要让学生报告角色的感受。
	文本故事② 最后，妈妈失去了耐心，就把孩子赶去上学。蹦蹦踏上了上学之路。他尽可能慢慢走、慢慢走……	☆学生分别找空位坐下，聆听第二段故事。 ☆指定一位演员饰演主角蹦蹦，在老师的指令下，主角开始移动，心不甘情不愿、边走边晃荡、左看看右看看、停驻。	全体流动雕塑、进入角色、体验主角情绪和感受。

（续上表）

	故事文本	戏剧活动	教学策略
教学过程	文本故事③ 蹦蹦决定要逃课。可是，他何去何从？又该做什么？每一次转弯，他似乎都看见有人认识他，有人知道此刻他应该在学校。	☆学生自己思考，蹦蹦可能遇到哪些角色？ ☆学生根据自己想象出的角色进行分组，并且站在各自的立场上，创编台词。 ☆在本环节，蹦蹦不能泄露此刻不在学校的原因。B组角色可以是邻居、社区保安或妇女等。 ☆B组角色择机进入情境，并与主角蹦蹦发展出合理的台词（对白）。 ☆讨论分享：这次碰面是否影响了蹦蹦的情绪？B会告知蹦蹦父母或者采取什么行动吗？	当角色处于定格状态，应该用第一人称"我正在……我感觉……我认为……"来表达角色情绪和想法。
	文本故事④ 当蹦蹦回家时，他觉得很无聊、寒冷且饥饿。他看了妈妈一眼，马上知道自己已大祸临头——"学校打电话来了。"妈妈说。	☆全班围圈，聆听最后一部分的故事。 ☆指定一名学生扮演蹦蹦，老师私下告诉扮演者，蹦蹦被同伴欺侮了，但他一直都没说出来，直到角色觉得时机恰当才说。 ☆B扮演妈妈，进入角色后，需想象妈妈的姿势和态度，传达出事情被揭发、蹦蹦大祸临头的情境。 ☆其他学生思考：妈妈该如何处理孩子的行为？（给妈妈的扮演者提供适当的策略）触动蹦蹦说出实情的原因是什么？	"定格""重演"片段，重新尝试建议和表演，直到角色说实话。

（续上表）

	故事文本	戏剧活动	教学策略
教学过程	小组创编戏剧：文本⑤ 蹦蹦隐瞒了什么事？为什么蹦蹦这么久才跟父母说？接下来要怎么做才能解决这个问题？	☆确定哪些角色将出现在这个场景里。 ☆该场景在哪里发生？ ☆确定该场景的开端及角色上场顺序。 ☆约定"喊停"的方式：举手（观众视角）。 ☆当表演者需要建议时，也可以"喊停"。 ☆观众按立场分成各种角色，为角色提供建议。群体讨论并厘清错误的建议。 ☆讨论：你给出的建议是否有助于解决问题，抑或让蹦蹦被欺负得更惨？ ☆当全班找到能解决问题的方案时，活动结束。	使用海报，让学生将上述问题的答案写下来，并在本课结束后，通过这些答案来评量学生的分析与观察能力。 论坛剧场：正式使用该戏剧策略组织问题解决阶段的即兴表演。

三、讨论与反馈

1. 在即兴戏剧中，我们是如何帮助蹦蹦解决问题的？

2. 还有哪些青少年感兴趣的议题可以用论坛剧场策略来创作剧本？

四、教师寄语

　　既然掠夺给少数人造成了天然的权力，那么多数人就只得积聚足够的力量，勇敢且智慧地对抗暴力，维护自己的基本权益，即保护你我生命的尊严和公正。

五、自我审视

1. 我可以在戏剧创作中表现出积极自主。

2. 我可以与其他成员融洽地沟通。

3. 我可以尊重他人，认真倾听、积极表达。

4. 我更确定安全是个人的基本权利。

5. 我有责任关怀弱势群体。

6. 应对校园欺凌，我知道如何寻求帮助。

（二）教学评析

本课例参考并改编了 Bennathan 的《少年爱演戏——11～14 岁的戏剧技巧与课程示例》相关课程设计，以及张晓华的《创作性戏剧教学原理与实作》中的相关故事文本。按照校园心理剧教学"六环节"模式开展活动。

在暖身活动环节，师生浅谈了即兴戏剧的特征与课堂规则，约定了"开始""定格""候场"等简单口令。教师用生动活泼的语言、丰富形象的肢体动作，激发学生本能的表演兴趣，课堂氛围热烈，笑声不断。

接下来，教师带领学生阅读故事文本，创编故事情境。这一环节充分地体现了即兴戏剧的"有限的不确定"之美。学生在已有的故事框架下发挥想象、设计场景、创编台词，积极探究神秘事件，自主推动故事发展。教师的带领收放自如，学生的创作亦是惊喜不断。戏剧以独特的魅力，吸引着所有人的目光，聚焦于蹦蹦的遭遇——校园欺凌。

本课例以论坛剧场戏剧策略，帮助青少年直面欺凌，凝聚力量。论坛剧场是"被压迫者剧场体系"的核心环节，也是一种可独立使用的应用戏剧形式，它以"舞台—演员—表演内容—观演者实施介入—表演重演及即兴互动"等多元素戏剧形式和手法，帮助观演者深入思考、探讨问题，寻找解决方法。学生在即兴戏剧中讲出自己的心声：或因愤怒而激动，或因缺席陪伴而愧疚，或因胆怯无为而伤心……发出不同的声音正是学生对欺凌事件做出不同角度的理解，也是师生面对压力事件进行"非暴力沟通"的探索。

三、初中课例"希得宝贝历险记——自我适应与探索"教学设计及评析

（一）教学设计

本课例由笔者带领工作室成员共同完成于 2022 年，由工作室成员北京师范大学广州实验学校王雪纯老师执教，于 2022 年 12 月在广州市心理教研"穗心家园"公众号上展示，以供全市心理教师观摩学习。

【教学内容】

《中小学心理健康教育指导纲要（2012 年修订）》中指出心理健康教育的具体目标是：使学生学会学习和生活，正确认识自我，提高自主自助和自我教育能力，增强调控情绪、承受挫折、适应环境的能力，培养学生健全的人格和良好的个性心理品质。本课通过"良心巷""旁白默剧""定格画面"等教育戏剧形式，旨在唤醒学生主动自我探索的意识，让学生了解态度会影响自我探索的意愿，当学生面对探索过程中的不确定因素和压力时，采取积极的态度应对，促进行为，积累能力。

【学情分析】

初一学生正处于自我同一性起步阶段，自我意识觉醒，这一阶段代表着发现之旅——我是谁。同时他们刚刚从小学升入中学，面对全新的环境、学习要求及人际关系，都需要努力去适应。这些给刚入学的初一学生带来了挑战和危机，使他们感到新奇、期待或混乱、焦虑、迷茫。面对适应环境和角色定位的挑战，学生会表现出不同的探索形态，有的学生已经体验过探索，仔细考虑过各种选择，找到方向；有的学生会不断收集信息、尝试各种活动、积极探索各种选择；有的学生缺乏自我探索的意识，在自我认知上"被动接受"，而非"主动探索"；有的学生没有体验过明确的探索，不去探索各种选择，不尝试做出努力。在中学阶段，学生只有从自己出发，唤醒自我，自己决定未来的选择，才能形成最好的规划。

【教学目标】

1. 认知目标：认识到在自我探索时，不同的人会呈现不同的态度；了解到态度是影响自我探索意愿的因素。

2. 情感目标：体验不同探索情境的感受，激发主动自我探索的欲望。

3. 行为目标：学会在面对不确定和压力情境时，保持积极的探索意识。

【教学重难点】

重点：体验不同探索情境的感受，激发主动自我探索的欲望。

难点：学会在面对不确定和压力情境时，保持积极的探索意识。

【教学框架】

本节课教学时长为 40 分钟。教学框架如下。

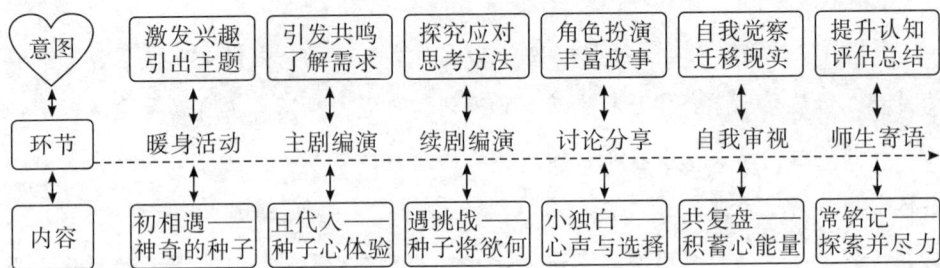

意图	激发兴趣引出主题	引发共鸣了解需求	探究应对思考方法	角色扮演丰富故事	自我觉察迁移现实	提升认知评估总结
环节	暖身活动	主剧编演	续剧编演	讨论分享	自我审视	师生寄语
内容	初相遇——神奇的种子	且代入——种子心体验	遇挑战——种子将欲何	小独白——心声与选择	共复盘——积蓄心能量	常铭记——探索并尽力

【教学过程】

教师：欢迎来到心理课堂，上课前，我们一起来共同做一个约定：在心理课堂，我能做到尊重、倾听、投入、开放、包容身边的同学，为创设安全、信任、和谐的课堂氛围出一分力。相信大家都能做到！

（设计意图：强调心理课辅导性原则。）

一、暖身活动：初相遇——神奇的种子

师：今天我们的课程主题是种子探索记，首先老师会给大家呈现一些"世界上神奇的种子"，看看你认得这些种子吗？

（PPT呈现：种子中的隐秘杀手——巴豆，最大的种子——海椰子，最小的种子——斑叶兰，最长寿的种子——莲子，最重要的种子——水稻、玉米、小麦……）

师：我们看到了这么多植物的种子，原来平时不怎么被我们关注的种子，竟然有这么多种形态，这么多神奇的故事，那老师想问一下大家，在你的记忆中，种子还会被赋予哪些含义呢？

生：人的种子，受精卵。

师：你认为人也是一颗种子，为什么呢？

生：因为种子有生命，人也一样。

师：看起来，种子意味着生命的诞生、新的希望……

（设计意图：活跃气氛，激发学生兴趣，拉近学生与种子的距离，为后续更好代入角色做铺垫。引起学生思考，导入主题。）

二、主剧编演：且代入——种子心体验

【讲故事】

师：我们今天不仅了解到了世界上奇特的种子，而且了解到了种子的抽象意义。

接下来呢，我们要来认识一颗小种子，它叫希得。就在刚刚，有一颗小种子冒出了头，还长出了手和脚。它左看看，右看看，问道："这是哪里呀？我是谁呀？我应该做些什么呢？"……希得宝贝的历险开始了。

【小询问】

师：这时，希得会有哪些感受呢？

生：新奇、期待、迷茫、无助……

（回答参考：积极感受：兴奋、好奇、期待、惊奇。中立感受：淡定、无所谓、迷茫。消极感受：恐惧、担心、自卑、孤独。）

（设计意图：情境创编，引发学生共情，代入角色，产生动机。）

三、续剧编演：遇挑战——种子将欲何

师：刚刚希得宝贝有三个问题，分别是："这是哪里呀？我是谁呀？我应该做些什么呢？"希得宝贝为了找到答案，接下来会怎么做呢？

生1：希得宝贝会先探索自我，了解自己。

生2：希得宝贝会留在原地，埋在土壤里。

生3：希得宝贝会走出去，探索新环境。

师：看来无论是留下来还是走出去，希得宝贝都会先了解自己，希得听到了大家的建议有点纠结，那老师想调查一下，决定留下来的同学举手，好，放下，决定走出去的同学举手。

【良心巷】

师：看来希得宝贝现在面临一个两难选择，无法做出决定，那我们来帮助它做决定。

（选出一名学生扮演希得宝贝，这个人物正在面临着两难的选择并且犹豫不定。其他学生分成两列，面对面站立，形成一条"巷子"，中间的距离可以容纳一个人通过。这时主人公希得宝贝站在巷子一头，缓慢从巷子通过，当他/她走过的时候，两侧的学生要对他/她说出其内心的想法、感受或做决定的理由、建议，两列学生持完全相反的观点，展现主人公在两种选择间的犹豫。当主人公完全通过，走到巷子另一头，活动结束。）

生1：留下来会更保险，扎根成长。

生2：我想出去看看，寻找不同可能。

生3：留下来，也许后来就会有同伴来找我，告诉我了。

生4：主动出击，抓住机会。

师：经过了一番内心挣扎，最终，希得宝贝还是决定走出去，找到答案。

（设计意图：帮助人物讨论问题，促使人物做出决定，建立同理心，以不同的角色立场思考和表达，了解人物的内心，把两难选择的思维过程变成图像性的、具体的活动，有助于学生形成更直接的感受和更深的记忆。）

【定格画面】

师：在寻找答案的路上，希得宝贝遇到了一些挑战，它会做出怎样的反应呢？下面邀请大家定格呈现。

首先，大家发挥想象力和创造性，一位同学做旁白，一位同学扮演希得，其他同学创造角色，请仔细思考你在遇到材料所呈现的挑战时会有什么样的反应；然后，彩排动作，构思台词，一句台词+一个动作，通过定格的形式展现出来。

（挑战和引导方向分别是：环境——陌生、不确定，认清条件、适应新要求；人际——融入、归属感，得到接纳、能相互支持；学业——目标、行动力，掌握方法、提升效能感。）

（设计意图：立体呈现不同人物在探索境遇中的行为和想法。）

四、讨论分享：小独白——心声与选择

邀请希得宝贝扮演者留在台上，说说探索历程中的感受，谈谈自己的选择和计划。使用句式：当我遇到这个挑战时，我感到＿＿＿＿＿＿＿。因此，我决定＿＿＿＿＿＿＿。接下来，要做的第一件事是：＿＿＿＿＿＿＿＿＿＿。

（设计意图：引导学生觉察感受、选择行动。）

五、自我审视：共复盘——积蓄心能量

师：刚才我们了解了希得宝贝的历险过程。我们每个人心中都有一个希得，我们需要让它生根发芽，当我们面对探索过程中的不确定和压力时，我们会产生不同的感受，不同的感受会产生对探索不同的态度，态度又会影响我们继续投入探索过程的意愿。态度会促进一些行为，我们不断地实践、总结和调整，就会内化成我们的能力（批判性思考能力、问题解决能力、观点采择能力）。

师：希得就是 seed：see + do。那现在初一年级的你们来到了一个新的环境，就相当于一颗种子，来到了新的土壤。那么，我们在初一"see"到了什么？遇到了什么挑战？我们就像这颗小种子一样，可能会有很多的感受。你"do"了什么？后面你会怎么调整呢？请大家完成学习单。

（学生分享。）

生：不放弃，积极探索，偷偷努力惊艳所有人。

（设计意图：教师提问，帮助学生脱离故事角色，回归自我，将课堂体验转化为内省经验智慧，为学生赋能。）

六、师生寄语：常铭记——探索并尽力

师：成长就是探索并不断确认和发展自我的历程。

（设计意图：突出主旨，提炼升华。）

【教学板书】

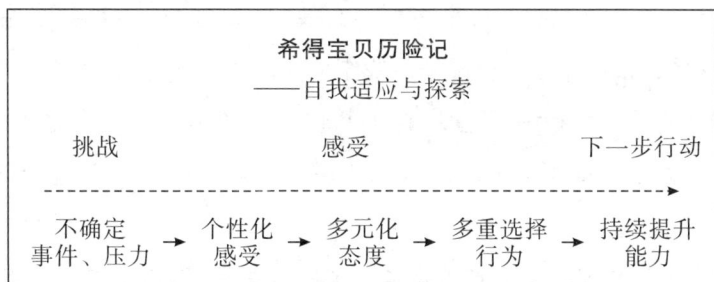

附录 1　主剧概要

挑战情境材料

（1）环境挑战：一天，阳光明媚，希得宝贝走在路上，突然一阵大风把它整个卷起，它拼命地挣扎，最后被刮进了一个完全陌生的地方……

（2）人际挑战：希得宝贝自己在路上走呀走，它觉得有点孤独，突然它遇到了一群陌生的种子，有的看起来很友好，有的看起来不易亲近，它想加入进去，但是不知道如何加入……

（3）学业挑战：终于，希得宝贝看到了一棵参天大树，它想要长成那棵树的样子，它发现周围的种子朋友都发芽了，而它还是一颗种子，眼下它不知道该怎么实现……

附录 2　续剧实例

人际挑战续编

希得宝贝自己在路上走呀走，它觉得有点孤独，突然它遇到了一群陌生的种子，有的看起来很友好，有的看起来不易亲近，它想加入进去，但是不知道如何加入……

续编：希得宝贝在一旁左看看右看看，想加入正在跳绳的一对种子，结果被它们拒绝了，希得宝贝低垂着头，有些伤心，突然有两颗种子发现了它，热情地跑过来，邀请它一起做游戏，它们三个手拉手，开开心心地一起玩。

（二）教学评析

本课例运用课—剧融合之"六环五阶"具身教学模式展开教学。教学主题新颖，富含寓意，以种子作为隐喻贯穿整个课堂，创作了"希得宝贝"的形象，具象化的处理引人入胜，具有创新性。教学内容切入点小，由希得宝贝面临的挑战过渡到学生自己面临的挑战，巧妙顺滑。戏剧范式运用自然生动，无论是"良心巷""旁白默剧"，还是"定格画面"，均能很好地激发学生参与和投入课堂的热情。演绎环节的心理剧创编和演出都非常生动、有趣，学生之间的交流和互动充分。

本课例具有较强的逻辑性和生成性，是一节走心的好课。多样的教育戏剧形式使人身临其境，促使学生在问题情境中沉浸式学习，联想自身引发共鸣。学生入戏、投射、生成、觉察、出戏的过程，有效启发学生与现实联结，进行自我觉察和反思，并以积极的心态应对升入初中后遇到的环境、人际、学习方面的挑战。最终能够落实到学生的自我察觉和行动制定，充满画面感和力量感。

四、初中课例"请你看见我——不做冷漠的旁观者"教学设计及评析

（一）教学设计

本课例由笔者带领工作室成员共同完成，由广州市黄埔区东区中学陶惠斯老师执教，在区域内作为公开课交流展示。在 2022 年广州市中小学心理健康教育活动月评比活动中，获得心理健康教育主题班会课一等奖。

【教学理念】

1. 心理剧

心理剧是 1921 年由精神病理学家莫雷诺提出的，心理剧能帮助参与者在演

出中体验或重新体验自己的思想、情绪、梦境及人际关系。伴随剧情的发展，在安全的氛围中，探索、释放、觉察和分享内在自我，是一种可以使患者的感情得以发泄从而达到治疗效果的戏剧。

2．社会计量

社会计量技术也称社会测量技术，是心理剧中一种常用的技术，团体带领者可以用它来探索成员之间的关系及内在动力。赖念华教授认为，社会计量是以我们所做的选择来看人际关系的联结，为我们提供观察测量、了解人与人之间互动的工具。

心理剧和社会计量技术原本更多运用在团体心理治疗中，但有学者发现把它们用在课堂中，能降低学生心理防御。其灵活的方法、柔和的手段、激励自发性的效果能很好地活跃课堂气氛，既能帮助教师对团体状态、课堂效果进行评估，也能推进学生团体的发展，更好地帮助教师达成课堂教学目标。

本课例尝试把心理剧和社会计量技术运用在校园欺凌主题的课堂实践中，期待这种形式可使学生参与更多、感受更多。

【教学内容】

2021 年，教育部印发《防范中小学生欺凌专项治理行动工作方案》，欺凌问题已是社会广泛关注的教育热点。初中生处于青春期初期，其生理和心理发展的特殊阶段容易使他们遇事不冷静、易冲动，进而引发欺凌事件。学校教师需帮助学生深入认识校园欺凌现象的危害，习得应对方法，增强学生应对校园欺凌的信心。

【教学目标】

1．认知目标：了解和体验被欺凌者、旁观者的内心矛盾；学习并尝试运用作为被欺凌者和旁观者应对校园欺凌的方法。

2．情感目标：感受战胜校园欺凌的快乐与满足，增强应对校园欺凌的信心。

3．初步掌握与欺凌者开展对话的方式。

【教学重难点】

重点：学习并尝试运用作为被欺凌者和旁观者应对校园欺凌的方法。

难点：学习并尝试运用作为被欺凌者和旁观者应对校园欺凌的方法。

【教学框架】

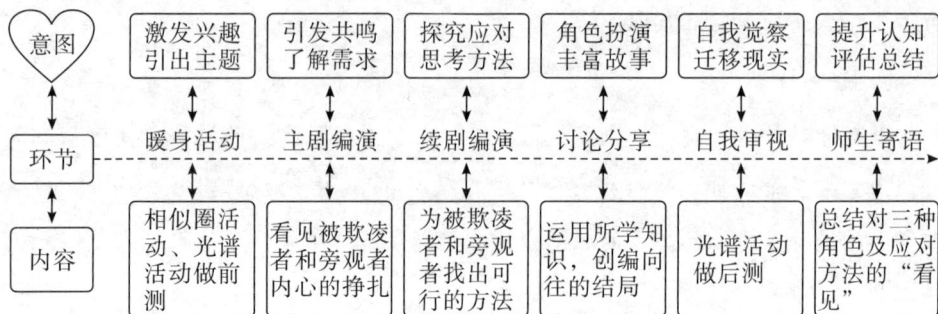

【教学过程】

一、暖身活动

1. 有谁和我一样（社会计量中的相似圈活动）

说明活动规则：全班学生围成一个圆，当老师说出"有谁和我一样 + 描述一种状态"时，如果学生答案是肯定的，就向前迈一步，如果答案是否定的，就原地不动。

问题：

（1）有谁和我一样，现在的心情是紧张又兴奋。

（2）有谁和我一样，很期待这节课的内容。

（3）有谁和我一样，身边有支持、关心、能鼓励你的朋友。

（4）有谁和我一样，当遇到困难时，或者与同学发生冲突时，身边有可以求助的人。

（5）有谁和我一样，曾经成功地化解过和同学、朋友的冲突。

（6）有谁和我一样，曾经听过或见过校园欺凌。

2. 对学生能成功应对校园欺凌的把握做前测（社会计量中的光谱活动）

邀请学生思考自己目前应对校园欺凌的把握程度，把手举过头顶代表 10 分，把手贴到地板代表 0 分，请学生摆出相应的高度。

教师小结：应对校园欺凌确实是一件不容易的事，相信电影《少年的你》中的主角陈念也这么认为。今天我们将陪伴她重回当年的那场校园欺凌，看看这一次能否在其中收获本领。

（设计意图：通过暖身活动引出校园欺凌的主题和情境，也评估了学生应对校园欺凌的把握程度。)

二、看见内心的挣扎——第一次欺凌情境展演及体验

1. 介绍演出同学的角色，指出当同学贴上角色名牌时就代表进入这个角色，当同学撕下名牌时，就会把这个角色的所有故事和情绪都拿掉。

2. 演出改编自《少年的你》的情景剧片段一。

3. 演员演出后，每人定格在一个可以代表这个角色的姿态。

4. 邀请台下观众作为陈念"替身"，就像是她肚子里面的蛔虫，站到陈念背后，以第一人称"我"说出陈念此刻的心情或想法。

教师示范替身：我觉得好可怕，我好担心自己会成为下一个被欺凌的人。

教师小结：被欺凌者内心有着很多负面情绪，这些情绪都需要我们看见，需要我们支持，哪怕只是静静地倾听这些情绪和想法，对于被欺凌者来说都是有帮助的。

5. 请四位学生分别饰演四种类型的旁观者（协同欺负、煽风点火、置身事外、想帮却又很害怕），并表达他们的心里话。邀请观众通过行动选择，呈现他们想作为哪一类旁观者（社会计量中的区域活动）。

引导语：我们现在都在这个欺凌现场，你的内心选择会更靠近哪一种类型的旁观者呢？请你走到他们的背后。这里还有第五张椅子，它代表"其他选项"，比如你会挺身而出，直接出手帮助陈念。

教师小结：协助学生看到各种选项的占比，指出每种选择都有自己背后的理由，但同时我们要知道，如果我们要打破校园欺凌的困局，作为旁观者，"做出一点改变，哪怕是一点点，都比什么都不做更好！"

（设计意图：情景剧的演出能提高学生参与课堂的兴趣和增强学生对角色的代入感。通过心理剧当中的"替身"技术，让学生充分体验到被欺凌者的内心世界。通过社会计量中的区域活动，让学生直观地看到作为旁观者群体的相互选择。）

三、看见可行的方法——第二次欺凌情境展演及集体讨论

1. 介绍演出同学的角色。

2. 演出改编自《少年的你》的情景剧片段二。

3. 演出后，邀请陈念和两位帮助陈念的学生定格在舞台中。

教师：这是陈念第二次受欺凌的场面，欺凌者魏莱是越来越变本加厉了，这

一次我们需要集合团体的力量，一起来想办法帮帮陈念和两位热心的同学。

4. 邀请学号为单数的学生，每人在小卡片上写下：①面对欺凌，陈念做得好的地方；②给陈念更多的建议，帮助她走出被欺凌的困境。

当学生完成卡片后，每人依次上台对陈念说出卡片内容，然后把卡片贴到她身后的"力量之树"上。活动结束后，请扮演陈念的同学分享此刻感受。

邀请学号为双数的学生，每人在小卡片上写出给旁观者的建议，依次上台对旁观者说出卡片内容，然后把卡片贴到她身后的"能量瓶"上。活动结束后，请两位旁观者分享此刻感受。

5. 教师总结（板书）。

（设计意图：通过情景剧的演出，激起学生想要帮助被欺凌者和旁观者的欲求，共同讨论应对校园欺凌的方法。）

四、看见向往的结局——第三次欺凌情境的结局创编

1. 教师提供陈念第三次被欺凌的剧情：魏莱带着两个跟班，拿着一笼小白鼠，准备到陈念家再次欺负陈念……

2. 学生分成三组，通过小组讨论，结合刚刚针对被欺凌者和旁观者所总结的建议，即兴创编这次欺凌事件的结局。每组呈现结局后，询问组长他们使用了哪些应对方法战胜校园欺凌。

（设计意图：提供情境给学生讨论创编结局，学生不仅学会运用所学知识，也能让他们体验到战胜欺凌的快乐与满足，更是面对欺凌情境的预演与练习。）

五、看见"魏莱"（欺凌者）

1. 在教室中间摆一张椅子，邀请同学们坐在椅子上成为魏莱的"替身"，用第一人称"我"说出魏莱可能的感受和曾经的遭遇。

2. 邀请全班同学把自己代入到魏莱的角色中，听听两位朋友的规劝，感受哪种方式的规劝更容易接受。

第一种：魏莱，你变了，变得这么狠毒，竟然这样欺负同学了！这么做，你还是个人吗？你再这么错下去，所有的前途都没有了！回头是岸啊！

第二种：魏莱，如果我是你，生活在这样的家庭里我也会感到生气和难过的。因为一次高考没考好就一年都不和你说话，怎么可以这样？！其实，你也是个孝顺的女儿……

教师小结：在劝说欺凌者的时候，应谴责行为而不是人身攻击；看见欺凌者

身后的故事，从理解她的角度开展对话。

（设计意图：用空椅"替身"技术，帮助学生代入欺凌者角色，感受两种不同的对话方式，使学生初步了解该如何与欺凌者打开对话。）

六、教师总结与评估

1. 教师总结：这节课我们通过行动演出共同探讨了校园欺凌中的三种角色，看见了这三种角色背后的情绪和想法，看见了解决问题的方法，而同学们也根据这些方法帮助陈念改写了她的结局。

2. 评估与后测：询问学生下一次当遇见或经历校园欺凌时，能成功应对的把握和信心的分数有多少。在课室的一端放一张椅子代表0，另一端放一张椅子代表10，请学生站到相应的分数上。

（设计意图：重温本节课主要内容，通过后测检验学生学习效果。）

【板书设计】

给被欺凌者的建议：

作为被欺凌者，我们建议做到：
1. 姿态要坚定而自信，不是激怒挑衅；
2. 主动求助；
3. 强大自我；
4. 增强同伴关系，学习人际交往技巧。

给旁观者的建议：

作为旁观者，建议可以做到：
1. 提供直接的帮助；
2. 过后提供情感支持；
3. 帮他求助；
4. 保持联结。

附录1 主剧剧本一

旁白：在教室里，同学们准备要上课了。这时欺凌者魏莱，走到了陈念座位旁边。在陈念的椅子上滴了一摊墨水。

魏莱：恭喜你哦，我的下一个小可爱！

旁白：陈念刚刚配合警察调查胡小蝶自杀的案子，从办公室走回教室，喃喃自语。

陈念：胡小蝶是因为她们的欺负才想不开的。之前，我没有站出来帮她，她走了，我只想替她维护最后的尊严。其实我也不知道我这么做是对还是错。

旁白：陈念回到教室后，看到椅子上的墨水，然后看了看四周的同学。

旁观者1（协同欺负）：（看着陈念展示挑衅的笑容）活该！

旁观者2（煽风点火）：哇！如果坐下去能洗得掉吗？

旁观者3（置身事外），看了看陈念，继续写作业。

旁观者4（想帮却又很害怕），默默地看着，想举手报告老师，却又放下来。

旁白：看到同学们冷冰冰的回应，陈念不禁低下头，长叹一口气。这时老师过来组织上课了，看到陈念在向老师问好后没有坐下，便走过去一看究竟。

老师：是谁在做这恶作剧，都准备高考了还这么玩！你呢，也要好好学学怎么和同学交流。

附录2　主剧剧本二

旁白：在室内体育馆，同学们准备上课。魏莱走到了陈念身边。

魏莱：原来你的妈妈这么不堪呀，欠债、卖假面膜害人。好呀，那我就为民除害，送一份大礼给你咯！来来来，看一下我们陈念的大新闻！

旁白：魏莱吩咐两个跟班一起给同学发传单，同学们一片哗然。这时，上课了。

老师：同学们，这堂课我们要上排球课，来，一起去练习。

旁白：课堂上，同学们相互接球，唯独不把球传给陈念，当陈念终于拿到球抛出去时，其他同学都避而不接。好不容易熬到了下课，魏莱和两个跟班用球扔到陈念身上，把陈念撞倒在地上。

魏莱：我妈说呀，龙生龙，凤生凤，老鼠生的孩子会打洞。帮你妈还债这么累，今天还能来打球呀？

陈念：（愤怒地把球扔回去）你有完没完啊？

旁白：陈念既生气又难过，但幸运的是，这一次欺凌事件和上一次不一样，有两个关切的声音出现在陈念的耳边。

两位同学：陈念，你还好吗？有没有哪里受伤？

附录3 续剧实例

放学路上，陈念奋不顾身地拯救了正在被同学欺凌的李飞，李飞感恩在心，平时也多多关注防欺凌的资讯。几天后，陈念被困于上次欺凌李飞的几个同学中，在一旁默默保护陈念的李飞，先是冷静地打电话给警察求救，然后冲到了这几个欺负陈念的同学面前，把沙子撒到他们的脸上，并拉着陈念往外逃跑。当几个同学追上了陈念和李飞之际，警察也赶到了现场，解救了陈念和李飞。之后，陈念、李飞结伴同行，他们学习保护自己的防身之道，更因为有着乐于助人的善心，结识了更多的朋友，为扫清校园欺凌努力贡献力量。

（二）教学评析

本课例运用课—剧融合之"六环五阶"具身教学模式展开教学，借助心理剧中社会计量的方式进行暖身活动。莫雷诺的社会计量是以社会计量中人们所做的选择来看人际关系的联结，是我们观察、了解人与人之间互动的工具。本课例通过创编情景剧（主剧）、续编情景剧及表演、讨论分享等活动，有效激励了学生参与活动的自发性和积极性，推进学生团体层层深入展开活动。

本课例使用了心理剧当中"替身""角色扮演""附加现实"等技术，以及社会计量中的"光谱""相似圈""区域"等活动，充分让学生看见和体验校园欺凌中被欺凌者、欺凌者、旁观者三种角色的内心世界；创设情境与学生共同讨论应对校园欺凌的方法后，让学生运用所学知识在续剧当中战胜欺凌。

值得注意的是，本课程的安排比较紧凑，在续剧创编部分教师不能充分地参与、指导每组的创编，续剧展演后也未能有效、充分地讨论分享。若时间允许，建议利用两课时开展本课教学。

第四节 基于课—剧融合的教学主题和剧本题材

校园心理剧有教育、辅导及治疗的重要功能，不仅使参加校园心理剧演出的学生得到帮助，也能使观看的学生受到启发，借鉴学习解决问题模式达到自我成长。因此，选择合适的心理剧主题和题材显得尤为重要。

一、心理课程教学主题要和校园心理剧的主题及剧本题材相契合

目前，心理健康教育属于地方课程和校本课程，2022 年教育部明确指出，基于课程特征，心理健康教育课程以融入学科教育为主，国家不统一组织编写教材。中小学心理健康教育课程的教学主题可以包括以下五个方面：

（1）常见心理健康问题，例如压力、焦虑、抑郁、自卑、学习困难等常见心理问题，可以作为主题来源。

（2）特定群体，例如小学生、中学生、高中生等不同群体可能面临不同的心理问题和挑战，可以针对这些群体设置相关的主题。

（3）特定情境，例如自然灾害、疫情、亲人过世等特定情境可能对学生的心理健康产生影响，可以针对这些情境设置相关的主题。

（4）热门话题，例如网络安全、社交媒体成瘾、网络欺凌、幸福感等热门话题，可以作为主题来源。

（5）社会事件，例如校园霸凌、家庭暴力、重大公共卫生事件等社会事件可能对学生的心理健康产生影响，可以针对这些事件设置相关的主题。

总之，心理健康教育课的主题来源应该是广泛的，应该根据不同的对象和情境选择适合的主题，以达到帮助学生提高心理健康水平的目的。

确定心理课程教学主题后，师生就要根据教学主题搜集相关题材及创编校园心理剧。校园心理剧的主题要和教学主题高度契合，剧本题材应来源于学生真实的生活，即要反映学生在校园生活中所发生的种种事件和学生中真实存在的心理困惑和问题。学生的心理困惑和问题涉及生活的各方面，比如网络游戏、校园欺凌、早恋、攀比现象、轻视生命、学习压力、师生关系、亲子关系（父母离异、亲子隔阂）、偶像现象、校园暴力、家庭暴力等。还有一些问题，对他们来讲是难以启齿的，尤其面对教师，他们可能因为安全感不够而不敢敞开心扉，校园心理剧教学恰好能解决这一弊端，让学生在自编自导自演以及观看的过程中，产生思想上的碰撞，引发心理共鸣，进行情感宣泄。

二、学生的心理困惑和心理问题主要类型

1. 升学适应不良问题

升学适应不良是学生常见的发展性心理问题。主要表现为：环境不适应，产生情绪问题，出现焦虑、恐惧、抑郁、孤独等不良情绪；自我认知失调，自我评价下降，产生自卑心理；注意力不集中，学习兴趣丧失，学习成绩下滑；生活自理能力差，出现行为问题，经常违反校规校纪，出现攻击或退缩行为等。

2. 学习类问题

常见的学习类问题主要有考试焦虑、压力过大、学习方法不当、缺乏学习动力、学习习惯差、厌学等。学习既是学生的主要活动，也是学生的根本任务。因此，学生的许多心理问题是由学习引起的。

3. 人际交往方面问题

常见的人际交往方面问题主要有宿舍关系失调、同学关系紧张、师生关系不和、异性关系不良、家人沟通困难、缺乏交往技能、难以接纳他人等。校园是学生接受人际关系教育的主要场所，学生的成长过程容易受同辈群体的影响。

4. 情绪认知问题

学生处于青春叛逆期，对一些事物的看法往往比较冲动偏激，情绪比较极端，控制能力差，如果找不到解决问题的正确方式，就容易犯错误。人生道路上，谁都会遇上不愉快的事情，例如考试失利，犯错后受父母老师的斥责，同学之间发生摩擦……这时，大多数人都会觉得很烦恼，很委屈，很难过，甚至产生仇恨心理。

5. 自我意识问题

青少年正处于自我同一性发展的关键时期，此阶段的个体常常思考"我是谁""我将来能干什么""我的价值在哪里"，这些问题都是与自我意识相关的问题。校园心理剧涉及自我意识的主题包括学生强烈的自尊与自卑问题、独立与依赖问题等。

6. 其他心理问题

还有一些心理问题，也应引起人们的关注，如沉迷网络游戏、抽烟、早恋、

轻视生命、追星、校园暴力、高消费现象等。

以上常见的学生心理问题，都可以成为心理课程的主题。主题确定后，教师围绕主题选择校园心理剧题材，最好是选择有价值有意义的题材，让表演的学生和观看的学生都能产生共鸣。当然，心理教师在创作前要深入地了解学生的心理，熟悉学生的生活，了解学生心理动态，剖析社会、家庭及校园中的种种现象，及时关注学生的创作进程，最好参与到学生的剧本写作中，给予直接的指导，师生共同创作出优秀的校园心理剧。例如，2022年获得黄埔区一等奖的校园心理剧——《重启》，其模仿《开端》的剧情结构，描述了初中生小萌在不断调整中应对校园欺凌的故事。

总之，教师在课前要做好充分调研，了解学生中真实存在的心理困惑和问题，确定心理课主题，然后根据课程主题搜集相关题材及创编校园心理剧，使心理课程教学主题与校园心理剧的主题及剧本题材相契合，并按照课—剧融合之"六环五阶"具身教学模式展开教学。

三、优秀校园心理剧示例

近年来，我们开展课—剧融合教学研究，团队成员围绕心理课程教学主题，创编了若干优秀的校园心理剧，我们将一些特别有观摩价值和意义的优秀的校园心理剧在"黄埔心理研究"公众号推出，同时推送给家长、教师和学生观看。目前，这些优秀的校园心理剧已经成为优质共享教育资源。例如，在广州市中小学心理健康教育活动月校园心理剧评比活动中，广州科学城中学李喆老师指导的校园心理剧《你的世界》《守护天使》《侧耳倾听》连续三年荣获一等奖，三个优秀心理剧在"黄埔心理研究"公众号推出后，广受欢迎，真正实现了寓教于剧。下面我们展示分享三个不同学段的优秀校园心理剧，供大家参考借鉴。由于篇幅有限，这里只简要介绍剧情和剧目意义，如果想进一步了解和观看，可以在"黄埔心理研究"公众号"心随剧动"栏目中找到相关的演出视频资源。

（一）小学校园心理剧《妈妈，我要见爸爸》

本剧在2021年广州市中小学心理健康教育活动月校园心理剧评比活动中荣获小学组一等奖。本剧由广州开发区小学张润梅老师指导。

1．剧情介绍

小亮，小学五年级，他三岁半时父母离婚，自己跟随母亲生活。母亲刚离婚时，对父亲充满怨恨，父亲也很少来看小亮。直到小亮上小学一年级，父亲才偶尔来学校看他，然后匆忙离开。小亮生怕母亲生气，每次见了父亲后，常常会找各种理由解释自己晚回家的原因。他在家里照顾母亲的感受，很听话，母亲让做什么就做什么，在班级里非常敏感，不想让同学知道父母离婚的事。

升入五年级后，内心的纠结、冲突，让他无法专注学习，每天闷闷不乐，于是他鼓足勇气去找心理老师谈心。心理老师了解到他内在的冲突与他和父母的关系有关，提议他邀请母亲一同来做家庭辅导。在家庭辅导过程中，小亮向母亲敞开心扉，表达了自己的纠结和需要，母亲第一次了解到儿子的内心世界，深深地被触动了，她非常心疼小亮，决定放手，允许儿子自己做选择，小亮终于可以自在地见爸爸了。

经过几次家庭辅导，小亮学习的积极性提高了，整个人都变了。经过一年多的努力，小升初时，小亮顺利考入父亲所在小区附近的中学，他可以经常见到爸爸了。

2．剧目意义

本剧目以家庭关系、亲子关系对孩子发展健全人格的影响为主线，讲述了单亲家庭中离异父母之间因养育孩子方式的差异带来的冲突，引起了孩子内心的纠结、冲突，进而带来孩子学习、交往等行为的变化，在好朋友的陪伴及心理老师多次家庭辅导的帮助支持下，父母之间放下抱怨，倾听孩子内心的需要，了解孩子内心的挣扎，决定尊重孩子的自主选择，让孩子自在做自己，快乐学习。一年后，孩子考取了自己理想的中学。俗语说，水既可载舟，亦可覆舟，家可助人，亦可伤人。

（二）初中校园心理剧《破镜重圆》

本剧在 2021 年广州市中小学心理健康教育活动月校园心理剧评比活动中荣获初中组一等奖，本剧由广州市黄埔区东区中学陶惠斯老师指导。

1．剧情介绍

东东，一名初二的男生，拥有两种特别的身份——曾经的留守儿童、此刻的流动儿童。"留守"及"流动"在他的成长路上烙下了深深的印记，也带给他无限的孤独、悲伤、怀疑，更是造成亲子冲突的根源。一次机缘巧合，东东遇到了一面有魔法的镜子，在镜子的帮助下，东东和爸爸两人互换身份 24 小时。爸爸在东东的角色里，体会到儿子对父母关爱的渴望；儿子交换到爸爸的角色后，在与妈妈的对谈中也了解到父母对他的疼爱。一次角色互换，东东体验到生活的真实和家庭的爱。

2. 剧目意义

本剧着眼于流动儿童这个特殊群体，虽然孩子能跟随父母来到城市学习和生活，但父母的工作往往忙忙碌碌，倾尽所有给孩子一个好生活，却已无力体贴孩子的内心。加上很多孩子小时候都跟随祖辈在老家生活，这使得原本脆弱的关系更是雪上加霜。明明渴望靠近的两颗心，却因各种误解渐行渐远，实在令人揪心！心理剧创始人莫雷诺曾说，角色交换是心理剧中的核心技术，借由角色交换，可以促发双方发展同理心、改变观点、发展对情境的理解等。本剧巧妙地透过魔法镜子，强制性地让父子之间角色交换，在对方的角色身份中体味对方的处境、感受和内心的渴望，最终父子冰释前嫌，孩子重拾学习的动力。尽管现实生活中没有魔法镜子的帮助，但假如亲子之间多一分领悟和觉醒，或许，仅仅是一场会心的交谈便足以大大拉近亲子关系，而这便是本剧的初衷。

（三）高中校园心理剧《悬崖之上》

本剧在 2022 年广州市中小学心理健康教育活动月校园心理剧评比活动中荣获高中组一等奖，本剧由广州科学城中学李喆老师指导。

1. 剧情介绍

在成长的道路上，不是每个孩子都有足够好的运气走得一帆风顺，家庭的矛盾、朋辈的孤立、难以承受的意外……都有可能侵蚀他们的心灵，使他们误入歧途。如何面对命运的不公，找寻人生的意义，是值得所有人思考的永恒命题。

第一天来到新学校的转学生田梦豪，因为出手阻止了同班同学陈铠泽对其他同学的欺凌行为而和其交恶。同时田梦豪也从班长的口中得知，陈铠泽亦是家庭暴力的受害者。

当天晚上，陈铠泽回到家，再次和酗酒的父亲爆发激烈冲突，吵得不可开交之际被前来讨还高利贷的黑帮二人组挟持，身陷险境。田梦豪带着他当警察的姐姐及时出现，化解了他们的危机。田梦豪与陈铠泽成为患难之交，互相倾吐心中埋藏已久的心事，陈铠泽重拾善良与生活的热情，与父亲的关系也开始破冰……

2. 剧目意义

校园欺凌是当下备受关注的主题。在我们完善各种规则和为被欺凌者提供援助的同时，不要忽视欺凌者也是未成年人，甚至很多时候也是家庭教育错位的受害者。尝试走进欺凌者的内心世界，用人文关怀的眼光看待他们，给予相应的引导，或许也是一种重要的思路。

以上三个不同学段的校园心理剧，剧本主题和题材涉及"家庭关系、亲子关系""流动、留守儿童等特殊困境群体家庭矛盾"及"校园欺凌"，这些主题和题材反映了当前社会、校园中的典型社会问题和学生心理问题，是学生生活中真实存在的问题，也是开展课—剧融合最有价值、最有意义的主题和题材。

第五节　基于课—剧融合的教学实施注意事项

一、订立团体契约，注意心理教育伦理原则

契约的制定是团体工作发展阶段的重要环节。由于校园心理剧由团体共同完成，在校园心理剧的创编、排练、演出等环节，成员会由于角色分配、缺乏沟通、情感生疏或缺乏信任等产生意见分歧，这会造成团体成员默契度降低，影响校园心理剧创作、排练、演出的质量，甚至在讨论分享环节学生由于种种担心而自我开放程度不够。因此，订立校园心理剧团体互动契约必不可少。契约的目的在于更有效地实现团体目标，通过订立契约的方式使每个成员对团队更有归属感和使命感，明确各自的责任及在团体中要共同遵守的准则。成员要在契约书上签下自己的名字，承诺在团体中坦诚地谈论自己，真实开放自己，愿意不断成长；承诺在团体中友爱对待每一位成员，不攻击、贬损任何成员，相互尊重、相互倾听、相互信赖等，建立安全心理氛围。下面是项目组的校园心理剧团体互动契约：

校园心理剧团体互动契约

1. 理念：校园心理剧团体希望你能表现真正的自我。经过练习和鼓励，任何人都能学会以更令人满意的方式表达自己。校园心理剧团体强调以"角色扮演""演出你自己和他人的故事"为主要活动方式，在讨论分享中实现心理互动，促进自我适应、自我教育和自我成长。

2. 出席：每次校园心理剧活动请务必准时出席，不缺席，不迟到，不早退，不中途离开，并积极参与校园心理剧的创编、排练、演出、讨论和分享等活动。

3. 作业：每位成员要按照要求完成心理老师和组长安排的作业。你可以不同意心理老师和组长建议的校园心理剧的有关作业，但是，一旦同意，请务必完成。

4. 倾听：在团体活动中，要与其他成员保持团结友爱的关系，不攻击、贬损任何成员，坦诚对待团体中的每一位成员，学会倾听，学会分享，相互信赖。

5. 尊重：任何一位成员在校园心理剧辅导中所说的话，不得随意在团体辅导以外议论，尊重每位成员的隐私权。当你不想和团体成员分享的时候，你有权保持沉默。

　　此外，契约还要求指导者和每位成员遵守以下伦理原则：第一，保密性原则，校园心理剧成员在自我开放分享讨论时会涉及个人或者他人的隐私，所以要求指导者和团体成员对这些隐私进行保密；第二，科学性原则，校园心理剧是一种有效的辅导方法，但这一方法要求指导者必须有高度的敏感性，尽量避免强迫有严重心理困扰的学生参加校园心理剧，除非是学生自愿参加。

二、注重校园心理剧指导者相关技能提升

　　校园心理剧的指导者一般由学校心理教师担当，起到策划、组织和管理的作用，剧本的创编、排练、演出和讨论都离不开教师的支持和引导。其中，心理教师的个人素质直接影响心理剧的辅导效果。校园心理剧的导演必须由专门从事心理辅导或咨询工作且具有丰富工作经验的心理教师担任，同时必须具备心理学、教育学、社会学的基本知识，在心理咨询和心理治疗方面有较高的造诣，有一定的实际工作经验。如果指导者不具备这样的知识经验，或不具有实践经历而去指

导校园心理剧，后果不堪设想。"很难想象一位未经过正规的培训或训练，又无辅导与咨询临床经验的人，如何准确地判断出各种角色所表现出来的心理问题症结，引导剧情向着预期的目标发展。这正如一个不具备手术知识和经验的外科医生，当把病人的病灶打开后，无法确切切除病灶并促进伤口愈合一样。这样的医生将会贻误病情、害人终生。"此外，指导者不仅需要知道自己能够做什么，还要知道自己的局限性和此方法对于特定群体的局限性。

创造条件让教师进一步学习和吸收国内外优秀校园心理剧的理论、经验和实施方法。优秀的指导者应该有扎实的心理学知识和经验，在充分领悟校园心理剧理论的基础上接受实践训练，要有参加校园心理剧的实际经验。此外还应该具有高度的敏感性、领悟力和应变能力，要对校园心理剧剧本有全面的把握，熟悉剧本的心理冲突和指导重点；能对演员的表演进行指导和支持，有效整合心理剧所反映出来的行为，准确解答学生在表演过程中提出的问题，指出不足之处，并提出改善意见，且能及时引导剧情向目标方向发展。在校园心理剧表演过程中，指导者不渲染个人价值观，而是倾听感受，及时引导观众做出点评和总结，加强教育效果。除此之外，在剧本创作和演出的过程当中，指导者不应该给学生设立过多的条条框框，而是鼓励学生发挥自己的创造力，多做尝试，鼓舞学生士气，激发学生潜能。在组织管理方面，教师一方面要通过暖身和互动，营造师生之间和生生之间轻松、融洽、彼此信任的氛围；另一方面要注意说明训练要求，避免学生产生敷衍松弛的态度。此外，心理教师也可以鼓励其他学科教师学习校园心理剧的相关知识，加入校园心理剧当中，增添教学活力。

三、注重对学生进行校园心理剧相关知识的培训

刚开始排演校园心理剧时，学生演员在舞台上只是拿着稿子念台词，而且身体背对着观众，声音也很小，有时候还遭到其他学生调侃而引发学生的哄堂大笑。这些现象都是学生对校园心理剧这种新生事物的知识、功能、特点认识不清而造成的。所以对学生进行校园心理剧相关知识的培训，是成功使校园心理剧进入课堂的首要条件。

校园心理剧的主体是学生，学生只有充分学习校园心理剧的相关知识，才能更好地在实际中运用这种技术。第一，教师应该向学生宣传校园心理剧的作用，

并对校园心理剧的概念、内涵、构成元素及相关知识做相应的培训，帮助学生更好地了解心理剧的开展过程；向学生讲解校园心理剧中经常使用的旁白、独白、夸大、具体化、角色互换等心理技术，并用举例的方法让学生掌握。第二，教师也可以让学生观看有关主题的心理影片，让学生留意、模仿当中的语言、神态和动作。第三，教师还可以聘请表演专业的教师给学生做语言、表情、台词和走位等方面的指导，在排练过程中，和演员一起分析角色，融入角色，帮助演员提高表演技能，适当地展示喜、怒、哀、乐各种情绪，使校园心理剧更加流畅，更有代入感。此外，教师还可以通过以下途径加强对校园心理剧的宣传和培训：

（1）播放优秀的校园心理剧视频。下载一些优秀的校园心理剧视频供学生观看，这种方法直观形象、趣味性强，学生乐意接受。

（2）开展相关的校园心理剧知识培训。向学生说明为什么开展校园心理剧，开展校园心理剧对学生的身心健康有什么促进作用等。

（3）成立校园心理剧社团，定期开展活动。成立专门的学生社团，对社团成员进行重点指导，尤其是表演技能上的训练，由他们组成主心骨，在大型集体活动中演出心理剧，起到宣传心理健康知识的作用。

（4）开展校园心理剧创编大赛。为了使学生更好地掌握校园心理剧的创编，可以开展校园心理剧创编大赛，并对优秀作品给予奖励。

（5）开展校园心理剧展演大赛。校园心理剧展演不仅影响面比较广，可以起到良好的宣传作用，还能展现当代中学生丰富的内心世界和生活情境，激发全体学生对自己以及身边同学心理健康的关注、重视，从而提升对生命的关注和呵护。

四、注重处理好指导者和学生的关系

校园心理剧的演出是学生实践的过程，需要做好充分的准备，需要指导者、演员、观众的共同参与，也需要关注涉及的场景、道具甚至音乐等每一个细节。

第一，处理好指导者和学生的关系。在校园心理剧中，学生是永远的主角。苏霍姆林斯基曾说过："从本质上讲，儿童个个都是天生的艺术家。"所以要相信学生，并鼓励学生积极参与。至于表演者的选择，要抱着鼓励参与、加强锻炼、人人均可的观念。在人数上，人物不宜过多，人物越少，焦点越突出，刻画人物矛盾就越深刻。首先，选择善于用语言表达自己，同时也愿意表达个人问题的性格外向、放得开的学生；其次，根据剧本要求，选择符合角色性格气质的学生担当相应角色；最后，根据学生特点确定主角和配角。主角是指遭受一般心理困惑并急需解决的学生。他们在表演过程中提出问题、演绎问题、领悟问题的原因并找到解决方法。他们是整场的焦点，要在指导者的要求下做"此时此地"的表演，使团体问题在其身上得到最清楚的表现。配角饰演当事人生活中的重要角色。他们负责真实再现主角所处的生活环境，让主角自然而然地体验到与这种情境相联系的心理冲突，并自发地表演出来。表演者在指导者的耐心指导下，呈现心理问题的情境、表现以及解决方法。在演出过程中，明确舞台的界限，只有演员才可以出现在舞台上，呈现出他们的内心感受。教师要仔细观察演员的各种变化，包括肢体、语言、神态所传达出来的信息，并作为讨论和分享的依据。

第二，观众虽然不直接参与演出，但他们也是教育的重要对象。他们不仅仅是观看心理剧，更要在贴近自身实际的表演中，分析当事人出现心理问题的原因，反思自身与当事人的共同之处，领悟心理问题产生的实质和解决办法，间接体验心理冲突并提高自身的心理健康水平。

第三，舞台是演出的载体，包括场景的选择、灯光的布置、道具的安排以及背景音乐的选取等，对整个校园心理剧起到衬托和支持作用。但是在心理课堂上运用校园心理剧，舞台一般不必过分追求华丽的效果，只需要一个比较宽敞明亮、空间合适的教室或者电教室，可以稍加装饰布置，最好配备多媒体及音响设备。因为对于难以用语言直观呈现的情境，可以利用多媒体技术来解决。比如，用幻灯片将教室、宿舍、校道等场景投影出来，用音乐渲染人物快乐、悲伤、愤懑或压抑等情绪。值得注意的是，现在校园心理剧在课堂的应用过分追求艺术性，忽略了其教育意义。舞台应该是起到画龙点睛的作用，服务于教育，服务于校园心理剧本身。

第四，道具的准备。表演是一门艺术，虽然校园心理剧的表演不必那么专业，但也应该尽量真实一些，这样更有利于情境的创设和学生入戏。在编写剧本的同时，师生应该做一些必要道具的准备，当然这也要因地制宜，依学校的教学条件而定。

五、注重演出后的干预和效果反馈

虽然是表演，但参演人员有可能会受某些情节影响，对号入座，陷入问题情境中不能自拔。因此，心理教师要特别注意加强对相关角色和观众的干预与辅导，特别是关注主角的行为表现，给他们提供必要的帮助。

校园心理剧演出完成后，指导者应要求学生以一种积极、正向支持的方式，向主角表达他们对校园心理剧的评价和自我体验，以获得最大限度的回馈。分享内容不仅要包括剧情演出部分，也应该对校园心理剧的整个过程进行分享总结。指导者可以根据成员的分享和讨论，及时总结表演者和观众的反馈信息，还可以通过作业或征文的方式收集这些体验和感受，对剧本情节、人物表演、讨论分享，甚至是舞台、音乐等环节中有争议或不足的部分进行修改完善，并记录下来做好总结反思，将获得的经验带到以后的演出当中。

六、注重校园心理剧演出效果的评价

对于校园心理剧演出效果的评价，学校应该建立校园心理剧档案卡，保留电子文档、图片、视频和网页材料，成立专门的评议小组或由学校心理教研组制定具体的、可操作的心理剧评价标准。如江苏省南京市孝陵卫中心小学制定了《小学生自编自演心理剧巡回演出反馈表》，从"台词清楚响亮、有感情、动作自然大方、形式活泼和有适当音乐"五个方面对心理剧的演出做出评价，并每月一次研究校园心理剧的编演效果。以下是项目组制定的校园心理剧评分表（见表8-3）。

表8-3 校园心理剧评分表

评分项目	要求
主题	内容符合心理课主题
创新性	有新意的原创或改编剧本将酌情加分
教育性	主题健康向上，富有时代感

（续上表）

评分项目	要求
表演性	举止大方，表演自然
	投入角色、扮演生动、表情丰富
	语言简洁明了、标准清晰
	动作到位得体、情感饱满，演绎效果良好
其他	观众反应评价良好，演出气氛良好
	演员服装得体，道具安排符合剧情
	酌情控制演出时间

七、整体规划，拓宽校园心理剧进课堂的途径

校园心理剧何时开展以及怎样开展影响着校园心理剧在学生中发挥的效用，这跟学校的重视程度紧密相关，需要学校从上到下为其创造一种积极的氛围。所以学校要做整体教育教学的规划，拓宽校园心理剧进课堂的途径。

首先，校园心理剧作为一种有效的团体心理辅导技术，应该纳入学校开展心理健康教育活动的整体规划之内。对于学校来说，可以开展相关的专题研究，甚至上升为校本课程的内容。在心理健康课堂这个主渠道运用该技术，在心理教师的指导下，解决学生诸如学业、情感、人际交往等心理问题。在学校的大型活动，如校园文化节、校园文艺晚会中，可以将学生创编的优秀校园心理剧进行展演，辐射其教育功能。

其次，校园心理剧还可以作为一项有趣的心理健康活动比赛，即年级或全校性的心理剧创编、表演比赛，以竞赛的方式，引发学生的好奇心和探索精神，并对表现突出者进行奖励。

最后，学校还可以把校园心理剧作为班级每月常规活动，以主题班会的形式开展。值得提倡的是，学校在开展校园心理剧的同时，要加强家庭与学校的合作，让家长参与其中。利用家长会的平台，以校园心理剧的形式呈现孩子的问题，可以使家长直观感受到孩子真实的内心世界，增进彼此的沟通和理解。

八、结语

十年实践探索，项目组依据具身认知理论，首次提出校园心理剧教学课堂应用"六环节"操作策略，具有一定创新性，并在此基础上不断发展完善，构建了课—剧融合之"六环五阶"具身教学模式，破解了传统心理课"离身"的教学困境，建立了"具身"的教学新范式，教学过程转向"以学生身体参与为主体的、相互对话的、交互生成的以及直面生命的教学形态"。项目组进一步将课—剧融合具身教学模式在区域学习适应力课程及积极生命力课程中推广应用，丰富了区域主题心理课程体系建设。

课—剧融合促使课堂从"离身"向"具身"转型，其以"寓教于剧""寓教于乐"的教育理念使课堂焕发生命活力，促进学生核心素养发展，促进学生知情行统一协调发展，是心理健康教育课程实施模式的创新。

参考文献

［1］ HYUN HEE CHUNG, MAURICE ELIAS, KENNETH SCHNEIDER. Pat-terns of individual adjustment changes during middle school transition ［J］. Journal of school psychology, 1998, 36（1）.

［2］ COTTERELL J L. Student experiences following entry into secondary school ［J］. Educational research, 1982（24）.

［3］ MARCIA KARP, PAUL HOLMES, KATE BRADSHAW TAUVON. The handbook of psycho-drama ［M］. New York：Routledge, 1998.

［4］ BRESLER L. Knowing bodies, moving minds ［M］. Dordrecht/Boston/London：Kluwer academic publishers, 2004.

［5］ 周步成. 学习适应性测验（AAT）［M］. 上海：华东师范大学出版社, 1992.

［6］ 李政云. 初一新生学习适应水平特点调查 ［J］. 株洲师范高等专科学校学报, 2001（6）.

［7］ 田澜. 我国中小学生学习适应性研究述评 ［J］. 心理科学, 2004（2）.

［8］ 陈晓杰. 关于学习及学习适应性的界定 ［J］. 芜湖职业技术学院学报, 2004（3）.

［9］ 石常秀. 初中生学习适应性、学习自我效能感与学业成绩的关系 ［D］. 南京：南京师范大学, 2006.

［10］ 田澜. 国内关于中小学生学习适应性研究综述 ［J］. 深圳教育学院学报（综合版）, 2002（1）.

［11］ 戴育红. 小学生学习适应性的研究 ［J］. 教育导刊, 1997（1）.

［12］ 杨广兴, 幺青. 小学生学习适应性的实验研究 ［J］. 社会心理科学, 2000（Z）.

［13］ 王惠萍, 等. 农村初中生学习适应性发展的研究 ［J］. 应用心理学, 1998（1）.

［14］ 张艳红. 学习适应性实验研究. 社会心理科学 ［J］. 2000（Z1）.

[15] 宋广文. 中学生的学习适应性与其人格特征、心理健康的相关研究 [J]. 心理学探新, 1999, 19 (1).

[16] 李祚山. 小学生心理健康与学习适应性的研究 [J]. 重庆师范学院学报 (自然科学版), 2002, 19 (3).

[17] 孙春晖, 郑日昌.《学习适应量表》的验证性因素分析 [J]. 心理学探新, 2001 (2).

[18] 聂衍刚, 郑雪, 张卫. 中学生学习适应性状况的研究 [J]. 心理发展与教育, 2004 (1).

[19] 韩宏伟. 大连市初中小学衔接阶段学生学习适应性的研究 [D]. 大连：辽宁师范大学, 2005.

[20] 山口刚. 佐贺大学教育学部研究论文集 [C]. 1986, 34 (1 – 111).

[21] 白晋荣, 刘桂文, 郭雪梅. 中学生学习适应性的研究 [J]. 心理学动态, 1997 (2).

[22] 宋广文, 杨昭宁. 中学生学习适应性比较分析 [J]. 中国心理卫生杂志, 1999 (4).

[23] 丁君. 初中生入学学习适应及其干预 [D]. 郑州：河南大学, 2008.

[24] 李政云. 初一新生学习适应水平特点调查 [J]. 株洲师范高等专科学校学报, 2001 (6).

[25] 李慧莉, 张庆林. 初一新生学习适应过程研究 [J]. 心理与行为研究, 2004, 2 (1).

[26] 谭荣波. 初一学生学习适应性的回归分析 [J]. 现代教育科学, 2009 (6).

[27] 田澜, 张大均, 陈旭. 小学生学习适应问题的整合性教育干预实验研究 [J]. 心理科学, 2004, 27 (6).

[28] 刘海燕, 尹国玉, 郑海斌. 学科教学策略对高中生学习适应性的影响 [J]. 心理学探新, 2005, 25 (1).

[29] ADAM BLATNER. 心理剧导论：理论、历史与实务 [M]. 张贵杰, 等译. 台北：心理出版社, 1999.

[30] 黄艳. 心理剧治疗的理论与实践 [D]. 烟台：鲁东大学, 2006.

[31] 王行, 郑玉英. 心灵舞台：心理剧的本土经验 [M]. 台北：张老师文化出版公司, 1992.

［32］孙雪玉. 校园心理剧在心理健康教育实践中的应用研究［J］. 中小学心理健康教育，2009（7）.

［33］韦志兆. 校园心理剧在大学生心理健康教育中的运用研究［J］. 保定学院学报，2010，23（5）.

［34］高思刚. 中小学校园心理剧［M］. 福州：福建教育出版社，2008.

［35］王瑞. 校园心理剧在中小学心理辅导中的作用［J］. 中小学心理健康教育，2008（19）.

［36］周国韬. 中小学校园心理剧活动再析［J］. 现代教育科学，2009（6）.

［37］秦娟. 校园心理剧在学校心理健康教育中的应用研究［J］. 中小学心理健康教育，2008（5）.

［38］于小溪，郭成，杨玉帅. 心理剧干预对改善儿童同伴关系的对照研究［J］. 社会心理科学，2011（C1）.

［39］杜丽丽. 音乐心理剧对流浪儿童自尊水平干预的研究［C］. 中国音乐治疗学会第八届年会论文集，2007.

［40］江琴，林大熙. 心理剧疗法在震后丧恸者心灵重建中的应用［J］. 福建医科大学学报（社会科学版），2009，10（2）.

［41］韦耀阳，秦振飙，王丽. 心理剧在学生抑郁症治疗中的应用［J］. 湖北经济学院学报（人文社会科学版），2008，5（8）.

［42］王平. 试论校园心理剧的教育功能［J］. 苏州职业大学学报，2004，15（1）.

［43］张海燕. 心理剧在心理健康教育实践中的应用研究［J］. 思想·理论·教育，2004（7）.

［44］MARCIA KARP，PAUL HOLMES，KATE BRADSHAW TAUVON. 心理剧入门手册［M］. 陈镜如，译. 台北：心理出版社，2002.

［45］李建中. 试论校园心理剧在大学生心理健康教育中的作用［J］. 西南交通大学学报（社会科学版），2000，6（2）.

［46］李鸣. 心理剧历史和理论［J］. 临床精神学医学，1995（6）.

［47］黄辛隐，戴克明，陶新华. 校园心理剧研究［M］. 苏州：苏州大学出版社，2003.

［48］刘启刚. 心理剧的理论基础及在大学生心理健康教育中的应用价值［J］.

赣南师范学院学报，2007（1）.

[49] 孙红，张辉，任霞. 适宜学校心理健康教育的优良模式：心理剧［J］. 中国健康教育，2006（11）.

[50] 周国韬. 中小学校园心理剧探析［J］. 现代教育科学（普教研究），2007（4）.

[51] 周国韬. 校园心理剧的实践探索［M］. 长春：长春出版社，2008.

[52] 周国韬. 深入开展校园心理剧活动若干问题解析［J］. 长春教育，2009（1－2）.

[53] 许素梅. 校园心理剧：普及心理健康教育的有效途径［J］. 职业技术教育，2008（35）.

[54] 邢利芳. 浅议校园心理剧［J］. 中小学心理健康教育，2006（8）.

[55] 吴增强，蒋薇美. 心理健康教育课程设计［M］. 北京：中国轻工业出版社，2007.

[56] 李帮琼. 心理剧：有效的学校团体心理咨询方式［J］. 教学与管理，2007（10）.

[57] 张紫石，张嘉玮. 心理剧在大学生心理健康教育课中的应用［J］. 吉林工程技术师范学院学报，2005（7）.

[58] 邓碧萍. 心理剧在心理健康教育实践中的应用研究［J］. 医学创新研究，2006，3（4）.

[59] 邓旭阳，周曼云，吴雨晨. 校园心理剧疗法理论与实践的探讨［J］. 南京师范大学学报，2000（1）.

[60] 周玉萍，唐文忠. 心理剧治疗对提高精神分裂症患者自尊水平的对照研究［J］. 中国心理卫生杂志，2002（10）.

[61] 宋金枝. 心理辅导新看点：中学校园心理剧［J］. 青年教师，2007（5）.

[62] 张先义. 活动·体验·探索：心理健康教育活动课的三要素［J］. 课程与教学，2003（3）.

[63] 林赞歌. 校园心理剧：心理健康的有效途径［J］. 厦门广播电视大学学报，2008（1）.

[64] PETER FELIX KELLEMANN. 心理剧的核心［M］. 台北：心理出版社，1992.

［65］ROBERT J LANDY. 戏剧治疗［M］. 台北：心理出版社，1994.

［66］邓旭阳，桑志芹，费俊峰，等. 心理剧与情景剧理论与实践［M］. 北京：化学工业出版社，2009.

［67］阳志平. 积极心理学团体活动课操作指南［M］. 北京：机械工业出版社，2009.

［68］ROBERT J LANDY. 戏剧治疗概念、理论与实务［M］. 李百麟，等译. 台北：心理出版社，2010.

［69］ALICE MORGAN. 从故事到治疗：叙事治疗的入门［M］. 陈阿月，译. 台北：心理出版社，2014.

［70］JOHN WINSLADE，GERALD MONK. 叙事治疗在学校中的应用［M］. 陈信昭，译. 台北：心理出版社，2010.

［71］张晓华. 教育戏剧跨领域统整教学：课程设计与实务［M］. 台北：心理出版社，2014.

［72］徐薇，寇彧. 自我同一性研究的新模型：双环模型［J］. 心理科学进展，2010，18（5）.

［73］聂衍刚，丁莉. 青少年的自我意识及其与社会适应行为的关系［J］. 心理发展与教育，2009，25（2）.

［74］窦东徽，刘肖岑. 社会心理学视角下的网络迷因［J］. 北京师范大学学报（社会科学版），2013（6）.

［75］庄续玲. 演出你的故事：校园心理剧在心理课堂中的应用［M］. 广州：暨南大学出版社，2016.

［76］叶浩生. "具身"涵义的理论辨析［J］. 心理学报，2014（7）.

［77］叶浩生. 身体与学习：具身认知及其对传统教育观的挑战［J］. 教育研究，2015（4）.

［78］叶浩生. 具身认知：认知心理学的新取向［J］. 心理科学进展，2010，18（5）.

［79］李佩. 具身学习理论及其对我国成人教育的启示［J］. 河南科技学院学报，2016（6）.

［80］严孟帅. 走向自我与社会：教育戏剧的育人之道研究［D］. 上海：华东师范大学，2020.

［81］桑志芹. 校园心理剧在学校心理健康教育中的应用［J］. 江苏教育，2017（8）.

［82］郭小艳. 校园心理剧的功能和作用［J］. 长春教育学报，2012，28（11）.

［83］林玫君. 儿童戏剧教育的理论与实务［M］. 上海：复旦大学出版社，2015.

［84］王济民. 湮没与发掘：儿童身体的现实图景与教育意蕴［J］. 教育理论与实践，2021，41（28）.

［85］张明月. 论教育戏剧在语文教学中的运用［D］. 上海：华东师范大学，2012.

［86］叶澜. 回归突破："生命·实践"教育学论纲［M］. 上海：华东师范大学出版社，2015.

［87］杨子舟，史雪琳，荀关玉：从无身走向有身：具身学习探析［J］. 教育理论与实践，2017（37）.

［88］刘桂玲."青春流言"粉碎机：将教育戏剧范式融入初中心理辅导课［J］. 中小学心理健康教育，2023（14）.

［89］余美华，佘丹桦. 应对情感挫折，走出"失恋"困境：教育戏剧应用于高中生情感辅导［J］. 中小学心理健康教育，2021（1）.

［90］庄续玲，李庄阳，程国超. 校园心理剧干预初中新生学习适应性效果研究［J］. 中小学心理健康教育，2019（21）.

［91］庄续玲. 基于核心素养的初中新生"七维"学习适应力课程开发与实施［J］. 中小学心理健康教育，2022（36）.

后 记

时间煮雨，岁月缝花，时光是一曲悠长悠扬的歌，它会把渺小的蚕化为美丽的织锦，所有美丽的蜕变都孕育在耐心而执着的坚守中。值此跨年之际，我的新书《课—剧融合：中小学心理健康教育课程实施模式创新》即将出版。我突然想起贾岛在《剑客》中的两句诗："十年磨一剑，霜刀未曾试"，内心颇有感慨。

从 2012 年开始，我就专注于中小学心理健康教育课—剧融合具身教学模式的研究。至今十多年过去了，聊以自慰的是终能有所成就。希望本书能成为引玉之砖，为深化中小学心理健康教育课堂教学方式的转型及课程模式的创新提供参考。

近十多年来，我通过科研引领一线教师开展教学实践研究。我与项目组成员一起摸爬滚打，从设计调查问卷、编制实验教材、培训实验教师、上示范课、进实验室统计数据、整理课题成果、撰写书稿到教学成果立项，记忆中数不清的休息日都是在办公室加班中孤寂而又充实地度过的。

时光不负赶路人，2018 年，我成为广州市名教师工作室主持人。我主编的《演出你的故事：校园心理剧在心理课堂中的应用》于 2019 年荣获广东省中小学心理健康教育优秀成果著作类一等奖；我主持的教研成果"寓教于剧，适应成长——校园心理剧在心理课堂应用模式的研究与实践"分别荣获广东省中小学教育创新成果一等奖及广州市第七届中小学德育创新成果二等奖。2023 年 11 月，我主持的教研成果"课—剧融合：中小学心理健康教育课程有效实施 10 年探索"（项目编号：2023128641）被广州市教育局立项为 2023 年广州市教学成果培育项目。以上成果的取得均来之不易，这是对我和团队多年来执着于所热爱的教研工作的最好回馈和嘉奖，正所谓：时光不语，却回答了所有问题。

念慈在慈，不胜感谢。在此，我对我的家人、朋友、工作室团队以及所有支持我关心我的人，对那些经常陪伴我加班到深夜的老师，那些为了本书顺利出版默默付出和努力的人，表达我最崇高的敬意和最真诚的谢意。

感谢黄埔区教育研究院正高级教师曲天立为本书的架构提出了宝贵的指导建

议；特别鸣谢华南师范大学心理学院刘学兰教授在百忙之中为本书作序。刘教授的推荐序为本书添彩，提升了我的专业自信。同时，也特别感谢广州市教育研究院戴育红副研究员对书稿进行了认真仔细的审阅校对，并提出宝贵的修改建议。

最后，还要感谢各位读者的支持与厚爱。

庄续玲

2023 年 12 月于广州